CRUZA
EL PUENTE
DE TUS
FINANZAS

CRUZA EL PUENTE DE TUS FINANZAS

Un plan de acción
para avanzar

ANA CORTÉS

GRUPO NELSON
Una división de Thomas Nelson Publishers
Desde 1798

NASHVILLE   DALLAS   MÉXICO DF.   RÍO DE JANEIRO

Editora en Jefe: *Graciela Lelli*
Adaptación del diseño al español: *Grupo Nivel Uno, Inc.*

ISBN: 978-1-60255-972-1

Impreso en Estados Unidos de América

14 15 16 17 RRD 9 8 7 6 5 4 3 2

Contenido

Introducción

No recuerdo con exactitud cuándo fue que sentí curiosidad por el mundo de los negocios. Creo que sucedió de niña, como a los diez u once años, al ver a mi madre trabajando arduamente; tanto, que su tiempo no le pertenecía sino a los jefes de turno, al político, al proyecto, a cualquier cosa menos a ella. Mi madre siempre tenía que salir muy temprano de casa, tres o cuatro de la mañana, y regresaba tal vez para las diez u once de la noche. El dinero era escaso, el tiempo con nosotras casi no existía. Y lo peor de todo es que yo no sé ni siquiera si ella era feliz en lo que hacía. Fue precisamente entonces cuando empecé a pensar si la vida de los adultos era de esa manera; una de las personas más importantes de mi vida estaba creando en mí la imagen de: trabaja mucho, muy duro, y por tres pesos. Definitivamente eso me hacía sentir ya derrotada para vivir mi futuro.

O tal vez sentí curiosidad por los negocios de tanto ver a mi abuela materna, mamá Violeta, con su negocio de ropa. Ella es una mujer con unas dotes admirables para hacer empresa, y por eso en la casa que tenía construyó un cuarto a un costado y ahí habilitó su tienda. Yo me sentaba a su lado en el cuarto de la tienda a ver cómo ofrecía la ropa, las telas. Me encantaba estar ahí cuando llegaba el que le surtía la ropa. Ella escogía lo que mejor o más rápido se vendería, y yo soñaba en mi cabecita que todo lo que ella escogía era para mí. Mi abuela siempre ha sido muy perseverante, aun a sus ochenta y tantos años, sigue rentando sus casitas, de ahí se mantiene; administra su dinero, su tiempo; ella era y es una mujer libre. Siempre buscando qué más podría venderles a sus clientas cautivas. Ella conocía el gusto de cada una de las personas a las que les vendía, tenía muy buen conocimiento de sus clientes, y disfrutaba al darles un buen servicio.

Recuerdo que ella también iba a otra ciudad y en un mercadito de saldos compraba grandes cantidades de retazos de tela; los traía, los clasificaba y posteriormente los vendía en su pequeño negocio. Ella hacía milagros financieros, «vendía» la idea de la belleza, del crédito y de la confianza. Algunas veces me tocó ir con ella de compras y ver cómo hacía que el dinero le rindiera; era como imaginarme a Jesús haciendo el milagro de multiplicar los peces y los panes. Me llamaba mucho la atención y me llenaba de esperanza el darme cuenta de que la gente venía semana tras semana a darle el «abono»; y pensaba que quizás un día yo también podría recibir dinero semana tras semana por el solo hecho de dedicar un poco de tiempo para hacer lo que realmente me gustaba. Esa idea me resultaba increíble. Claro, en esa época yo no sabía que de lo que estaba hablando era de ganancias de capital, y de que cuando ella cobraba intereses por los pagos se estaba haciendo de ingresos pasivos con los que seguía adelante su vida. Creo que a sus clientas les gustaba regresar con mi abuela porque ella las escuchaba; si lo pienso de esa manera, ellas le pagaban por el tiempo que compartían con mi abuela, y lo hacían por medio de la compra de la ropa que ella vendía. Mi abuela era, además, un ejemplo para esas mujeres, ya que al ver lo que mamá Violeta lograba, la mayoría se sentían motivadas a seguir adelante en una vida que tal vez no les parecía la más hermosa. Pero con mi abuela, lo era, ya que ella tenía el don de vestirlas y hacerlas sentir hermosas por dentro y por fuera.

Recuerdo una tela azul y negra que compró, de la cual yo me enamoré... aún no sé por qué, pero yo me imaginaba cortando la tela y haciéndome vestidos; las telas representaban para mí la posibilidad de vivir una vida diferente a la que yo conocía. Representaban creatividad, ingresos, cambio de vida, felicidad, por eso aprendí a coser, a CREAR lo que nadie más podía hacer, una realidad en la que yo era feliz y en la cual tenía el control de mi vida.

Mis padres se separaron cuando yo tenía once años. Tengo dos hermanas, y hemos sido el «cordón de tres dobleces» por muchísimos años. El estar solas por tantas horas, porque mi mamá tenía que trabajar tanto para mantenernos, nos hizo ser muy unidas y siempre buscar soluciones juntas, y así seguimos hasta ahora.

Las tres formamos parte de la compañía que tengo en la actualidad, y seguramente este lazo tan fuerte que tenemos existirá hasta el día en que nos vayamos de esta tierra. Recuerdo que mientras mis amigas tenían regalos y les compraban ropa para el día del estudiante, muchas veces a mí me tocaba usar la ropa de mi mamá. En una ocasión, durante una fiesta de quinceañera, estando ahí sentada con todas mis amistades, una amiga se acercó y me preguntó por qué siempre usaba ropa tan grande y tan de «señora». No tenía palabras en mi boca, no sabía cómo contestar. Por dentro quería que me comiera la tierra, tenía mucha vergüenza, gracias a Dios un buen amigo me tomó de la mano y me llevó a bailar. Aún siento vergüenza en mi corazón cuando pienso en ese momento, pero también siento el gozo al recordar que vi los ojos de mi Salvador que me llevó a la pista. Cada vez que pienso en momentos como esos, me queda claro que esas emociones se anclaron a ideas que pronto me ayudarían a decidir que yo no quería en mi vida la escasez, la limitación y mucho menos la esclavitud al dinero.

A veces simplemente le pedía a mamá Violeta que me regalara alguna tela, y me sentaba a coser, a hacerme alguna ropa para esas festividades, cosía en una máquina de pedales Singer, de esas viejitas que hay que darle vueltas. Mi abuela, con gusto y disgusto, terminaba dándomela y me decía: «¡Ándele pues! hágase su ropa, y más le vale que le quede bien bonita!». Ella se sentía orgullosa de que yo no me detuviera con la limitación del dinero. Así que me animaba a que tuviera creatividad, a que me disciplinara, y me sentara a hacer realidad mi felicidad. Unas telas, el hilo, la aguja y las tijeras eran suficientes para cambiar mi tristeza por felicidad. La escasez por abundancia, la imposibilidad por un infinito de posibilidades.

No era buena para coser, pero de eso a nada aprendí a contentarme con lo que podía crear. Con encontrar posibilidades en lo que tenía a la mano. ¡Uf!, las costuras siempre me quedaban torcidas o volteadas, unos lados más largos o cortos que otros. La verdad es que por algún tiempo me avergonzó mucho que mis amigas vistieran ropa nueva y yo tuviera que coser la mía o usar la de mi mamá. Más bien dentro de mí siempre estaba buscando cómo encajar con el resto de mis amigas y así poder ser aceptada. Durante el período entre los doce y los diecisiete años no había nada más importante para mí que poder encajar en un ambiente en el cual la mayoría de mis amigos tenían papá y mamá, y ellos proveían todo. Yo no tenía ninguna de las dos cosas. Aunque mi mamá estaba con nosotros, siempre estaba ausente, y no era su ausencia física la que me dolía, era su ausencia de amor y de apoyo hacia nosotras. Más tarde entendí que mi madre simplemente me daba lo que ella sabía dar, y lo entendí mucho más cuando me tocó a mí ser madre. Mi abuela me enseñó a ser fuerte; ella parecía no necesitar a nadie, y muy pronto terminé imitando esa forma de ser. De esa manera, la felicidad era mía, yo la producía, sin que nadie tuviera que proporcionármela.

A los diecisiete años entré a la universidad. Derecho. Como mi padre y mi madre son abogados, no me quedaba mucha opción, además de que mi padre siempre me repetía: «Si no eres abogado, no eres nadie...». Y así sucedió, después de que cursé un año de derecho decidí que eso NO era lo mío, excelente en todas las materias, pero cuando terminó el año, fui con mi mamá y le dije: «Madre, sí puedo, pero no quiero...». Y empecé a empacar para irme a Monterrey... Así pasé a no ser nadie en la vida de mi padre por un año completo. Al principio me hice la fuerte, el ser libre, el poder decidir por mí misma la dirección de mi vida, me daba fuerzas, me inyectaba felicidad; después de un tiempo empecé a cuestionarme si valía la pena lo que estaba haciendo, el no permitirme ser esclava de las ideas de mi padre, si tal vez por un poco de amor de él prefería entregarle la autoridad de mi vida, ya que al enterarse me había dejado de hablar.

Así que me fui a Monterrey con ochocientos pesos en la bolsa y muchísimas ilusiones. A esa edad no sabía realmente cuál era mi mayor sueño... Tal vez el más importante era salir de la pequeña ciudad donde vivíamos. Dicen por ahí: «Pueblo chico, infierno grande». ¡Dios! Todo el mundo sabe tu vida, si tienes o no tienes, si haces o no haces... Y yo quería volar, quería saber qué había más allá de hacerte de un novio a los diecisiete y casarte a los veintiuno. Quería saber qué se sentía al trabajar y tener dinero para poder comprarte todo lo que tú quisieras. Quería saber qué se sentía al comprar comida sin estar contando los pesos y los centavos. ¡Quería ser libre! ¡Quería saber qué se sentía al no preocuparse por no tener dinero!

Mi primer trabajo fue de recepcionista, y me pagaban ochocientos pesos a la quincena (como setenta dólares), con eso lograba pagar algo de mis necesidades, en lo que conseguía una beca en la universidad a la que quería ir. La verdad es que yo quería estudiar mercadotecnia, pero nada más me «alcanzó» para estudiar turismo, y por cierto desde que salí de la universidad solo lo ejercí por un año, porque me molestaba mucho que mientras todos estaban de vacaciones yo tuviera que trabajar... Entonces la carrera que cursé fue Turismo. Durante toda la carrera me sentí frustrada porque realmente no quería estudiar eso, pero de nuevo el dinero me tenía amarrada. Sin embargo, mientras estudiaba siempre estaba buscando las «telas» con las que crearía una nueva vida para mí. A los dieciocho años, sin dinero y sin apoyo económico, no se veía muy fructífero mi futuro, pero esa era mi tarea, descubir cómo hacer que mi vida fuera diferente. Así como con las tijeras, cortaba la tela para crearme felicidad; con las tijeras de la pasión, del compromiso, de la visión, lograría cortar las cadenas de la escasez, la pereza, el desánimo, y así crearme un vestido más a la medida de lo que yo quería para mi vida.

Lo de mi papá, gracias a Dios, solo duró un año. Me mantuve firme, aunque lo extrañaba mucho y deseaba que me dijera que estaba orgulloso de mí, sin embargo aguanté. Pagué el precio. Y un día que estaba yo en mi trabajo, como siempre timbró el teléfono, contesté y me di cuenta de que era él: «¿Qué pasó? Soy tu padre...», me dijo. Mis lágrimas se derramaron de manera automática, mis ojos se nublaron, mi garganta se cerró, mi corazón quería explotar. Ahí estaba la voz de mi papá. Recuerdo que yo solo le dije: «Papi, ¿cómo está? Yo aquí trabajando». Y él me respondió: «Nada, solo quiero saber cómo estás y que sepas que te amo. Qué bueno que estás bien. Abrazos, la dejo trabajar». Y colgó. En ese momento, supe que había decidido correctamente. El tomar el timón de tu vida, la responsabilidad de tu futuro, puede tener un tiempo de paga de precio, pero siempre, al final, tiene la gratificacion de saber que fuiste tú la que decidiste a dónde irías. A una edad temprana, mientras me tocaba cuidar a mis hermanas, aprendí a ser más consciente de que solo yo podría hacer algo por mí, que nadie más podía cuidar de mí como yo lo podría hacer.

Levantarme súper temprano para ir a trabajar, salir corriendo para ir a la escuela, y terminar casi a las once para llegar a la casa, hacer tarea y prepararme para levantarme, y hacer exactamente lo mismo día tras día, me creó una aversión a las rutinas. ¡Qué horror que alguien determine lo ÚNICO que es tuyo al ciento por ciento: tu vida! ¡Tu tiempo! Me tenía muy molesta la idea de tener que permitir que alguien más decidiera sobre lo que podía o no podía hacer.

Hay muchas historias en todo esto, que te iré contando poco a poco. Deseo que me conozcas en mis horas más oscuras, porque en estas, cuando me sentía más perdida, más débil, fue cuando tomé las decisiones que hicieron la diferencia en mi vida. Ese camino que yo buscaba a la libertad, desde entonces empezó a forjarse. La vida no se crea de un día para otro, se forja con cada historia de tu caminar, si decides que todo lo que has vivido te ayuda para bien.

Fue en el año 2000 cuando comencé mi primera empresa de manera formal (aunque había tenido algunas en el pasado, ninguna había durado más de seis meses). Y para mi fortuna, esta empresa resultó ser todo un éxito. Ganaba el dinero que deseaba, de modo que empecé a flotar en riqueza financiera, aunque por inexperiencia, el gusto de tener esas cantidades de dinero en mis manos duró poco, ya que no sabía cómo invertirlo de forma adecuada.

A esta empresa le siguieron otras más. Desde una revista especializada en comercio exterior y algunas librerías, hasta una boutique de ropa para maternidad. La historia de la tienda de ropa de maternidad te la cuento para que tengas una idea de cómo funciona mi cabecita. Estaba yo viviendo en Monterrey, con un embarazo de seis meses de mi última hija. Me subí a mi auto y venía una persona ayudándome a manejar. Cuando llegamos a la ciudad a la que íbamos, me bajé del auto y le pregunté por mi maleta, el muy chistoso me contesta: «Pues no sé...». Yo había puesto la maleta a la entrada de la casa, ¡con la esperanza de que él la subiera al carro! Así que ese día me tocó andar buscando una tienda de ropa de maternidad en esa ciudad, y para mi sorpresa ¡no había ni una sola! Apenas regresé a Monterrey, me hice a la tarea de buscar un proveedor y así fue como monté la tienda en aquella ciudad. Por cierto, me encantaba que mi mamá Violeta fuera a ver la tienda porque yo podía ver en sus ojos que se sentía orgullosa de mí. Era como decirle: Mire, no fueron en vano todas esas tardes de compra de telas y ropa, no he echado por la borda las enseñanzas, la perseverancia. Me gustaba ir a visitar a mi abuela y que camináramos juntas desde su casa hasta la tienda, porque ella entonces me platicaba, me daba su punto de vista y yo la escuchaba. Era una forma de decirle: aquí está su alumna y lo que sembró en ella está dando fruto.

Puedo decir que he hecho de todo, desde lavar platos y cuidar niños, hasta tener la consultoría comercial que tanto soñé. Sin embargo, nunca tuve un plan específico de negocios, pues no lo creía necesario, ya que mi tendencia natural es enfocarme más en los resultados que en los procesos. No obstante, reconozco que me hubiera encantado aprender con anterioridad acerca de las técnicas de planeación estratégica, porque así me habría ahorrado muchos dolores de cabeza. A pesar de ello, puedo ver que a través de cada dificultad, de cada derrota, de cada pérdida y fracaso, he aprendido algo.

Al final, ha sido este conjunto de experiencias aprendidas a fuerza de golpes, lo que me ha hecho crecer, aprender más de mis potenciales y saber cómo usarlos provechosamente en el mundo de los negocios. En un entrenamiento, en Phoenix, alguien me pidió en un ejercicio que escribiera tres errores de los que me arrepentía en mi vida... No pude escribir nada. He trabajado tanto en mi pasado, con tanta gente y últimamente con «clearing», que al contrario, solo veo mi vida como un puñado de experiencias, las cuales solo me han hecho mejor persona, no importa la connotación que para el mundo tengan esas situaciones, al menos para mí han sido positivas y de muchísima enseñanza, y si hay algo que quiero que te lleves de este libro es eso, que a todas las historias de nuestra vida nosotros somos los que le ponemos la etiqueta de «bueno o malo», de me sirve o no me sirve, o la de esta es sufrida y esta divertida. Pero si ves tu vida con más amor, responsabilidad y desde tu propósito de vida, puedes ver cómo todo de alguna manera te ha servido y te servirá si así lo decides.

No me arrepiento de ningún error o situación de mi pasado... Valoro cada paso, cada llanto, cada caída. No siempre fue así, pero exactamente es lo que me gustaría que aprendieras. Que el hecho de que no entiendas qué pasa en tu vida, no significa que tenga una connotación negativa. Y créeme, me tomó tiempo pensar de esta manera... De hecho, al igual que tú, pensaba que muchas cosas de mi vida eran injustas o que yo era víctima de las circunstancias o de las personas.

Han pasado ahora quince años desde que decidí tomar las riendas de mi vida financiera. Y cada año ha traído sus retos y sus gozos. La verdad es que cuando entendí que soy el promedio de la gente que me rodea y el resultado de lo que permito que entre en mi mente, fue cuando realmente empecé a poner más atención a los detalles de la vida y del tiempo. Estoy aquí en este espacio y en este tiempo porque tengo un propósito, y al entender eso, no me queda más que cuidar y proteger mi propósito y vivirlo al máximo.

Puedo decir que he tenido todo lo que he deseado: negocios, familia, casa, libertad, todo; incluso el valor suficiente para decidir un día cualquiera, venderlo todo y emigrar a otro país, o dejar mi pasado y decidir emprender de nueva cuenta, siempre teniendo a mis hijos conmigo y esta pasión en mi corazón por educar y transformar primeramente mi vida y, por medio de ese testimonio, la vida de miles.

Hoy tienes en tus manos mi tesoro..., líneas escritas desde mi corazón, creyendo que cada uno de nosotros debemos y merecemos tener unas finanzas sanas. No soy perfecta, de hecho soy imperfecta, y eso me ha llevado a cometer muchísimos errores en mi vida, no solo financieros, también personales. Y todos, al final, impactan en la cuenta de banco de una u otra manera. En la búsqueda de respuestas me topé con todo y con todos. Pero, sobre todo, me topé conmigo misma. Con mi imposibilidad de aceptar la abundancia, la riqueza. Me topé con que era impetuosa, con que siempre quería tener la razón (algunos por ahí dirían que eso no ha cambiado), pero cuando pienso en la palabra que dice que sus misericordias son nuevas cada día, entonces me mantengo en fe, sabiendo que él me sigue trabajando todos los momentos de mi vida. Que no estoy sola, que si llegué a cruzar mi propio puente fue porque tuve gente a mi alrededor que creyó en mí, que me amó, que tuvo paciencia, que compartió y disfrutó mis triunfos, que me enseñó a recibir y a dar. Por eso, espero que me des la oportunidad de poder caminar contigo. Cruzar tu puente y crear un mundo de oportunidades para ti y tu familia; hoy nos cruzamos en este camino llamado vida y mi único anhelo es que este escrito te ayude a reconocer que la abundancia ya está en ti, que lo único que tienes que hacer es mirar hacia adentro, aceptar lo que Dios ya te ha dado, recibirlo y empezar a compartirlo. Estamos en el tiempo y espacio perfectos, yo no he llegado tarde ni tu tampoco. Ahora solo nos toca crear magia por medio de la fe y la acción. Yo estoy lista. Espero que tú también lo estés.

I

Aprende a ser transparente

M e miento diariamente, y lo aprendí hace muchos años. Así aprendemos todos, cuando tenemos que decirnos que todo estará bien, y estamos viendo cosas en tu casa que te dicen que NADA está bien. La transparencia es simplemente verte tal y como eres, reconocer los errores, las áreas de oportunidad, tus debilidades. Pero sin juicio. Únicamente con el afán de entender que si lo puedes reconocer, lo puedes cambiar. Ser transparente también es entender por qué y para qué nos mentimos. Qué es lo que nos mueve en la vida. Cuáles son las emociones que nos detienen o que nos impulsan. La transparencia tiene su raíz en la responsabilidad y tiene su fruto en la responsabilidad. No puede haber transparencia sin ser responsable de cada parte de tu ser.

Un día estaba yo jugando a las canicas con mis amigos en la «vecindad» cuando a la entrada de esta veo a mi papá que venía ayudado por un policía, estaba alcoholizado y sangrando de un brazo; creo que yo tenía diez años (la verdad no recuerdo bien, porque como muchas cosas en mi vida, decidí bloquearlo), recuerdo que mi corazón empezó a latir fuerte, muy fuerte, y mi cabeza empezó a pensar que mi papi estaba mal, ¿tal vez moriría? El policía se acercó a mí, con mi padre en los brazos y me preguntó en dónde lo podría recostar, lo llevó hasta la recámara y ahí lo dejó acostado, sin antes decirme que no me preocupara, que estaría bien, pero que era importante llamar a un doctor para que lo revisara. Mi papá balbuceaba y entre lo que me alcanzó a decir me dio las instrucciones para que fuera a buscar al hermano de un vecino que era médico. Fui corriendo y lo traje. Cuando entró el doctor a la habitación me pidió que yo saliera, en ese momento empecé a orar, a pedirle a Dios que mi papi no muriera, que todo estuviera bien. Siempre le pedía a Dios que mi papá cambiara, por supuesto que no le deseaba la muerte, aunque sintiera tanto coraje por lo que hacía; me preguntaba si yo no le importaba, si mi mamá y mi hermana no eran importantes para él. ¿Por qué un ser humano lastimaría lo que más ama? Con el tiempo entendería que los seres humanos somos la especie más extraña de descifrar, que todo lo que yo pueda suponer sobre el actuar de alguien, es eso, solo suposiciones, y que muchas veces la gente solo hace lo que se le enseñó, y que la mayoría de las veces también lo hace sin siquiera la intención de hacerlo.

Y es que recuerdo a papá como una dicotomía, de esas que la vida te prepara de manera grosera, con la única intención de que aprendas a valorar todo y a buscarle el lado positivo. Por un lado, ha sido el ser más amoroso que he conocido, me hacía sentir especial, amada, me sentaba en sus piernas y me decía que yo era su vida, que era su princesa, y con eso ganaba mi corazón. Sin embargo, por el otro lado, con su condición de alcohólico, destruía mi niñez, mi inocencia. Papá era un hombre apasionado, reconozco esa pasión en mí, reconozco su amor en mí. Él me enseñó a amar. Aunque he tenido que ir «modificando» la forma de amar, porque ahora entiendo que el amor es mucho más que palabras bonitas. Papá, por un lado me amaba, pero por el otro me daba sufrimiento.

Recuerdo haber tenido fiestas de cumpleaños en las que no quería que él estuviera, porque ya sabía cómo terminaría la historia: el borracho, y me preocupaba que mis amiguitas se fueran, que sus papás no las dejaran venir a mis fiestas. Entonces, me empecé a mentir diciéndome que todo estaría bien, que mi papá cambiaría, que yo le importaba lo suficiente como para dejar el alcohol... Cosa que nunca pasó, papá murió de cirrosis, y con él mi esperanza de tener una relación diferente con quien me dio la vida. ¿Cuántas veces en la vida nos autoengañamos con el afán de hacer menos dolorosa nuestra realidad? El reto es cuando aprendes esto como fórmula ganadora para evitar ser transparente contigo misma, y vas creando una telaraña de irrealidades solo para sobrevivir al dolor, en lugar de ver las cosas como son y en base a eso tomar las mejores decisiones.

Y el día del accidente no fue diferente, cuando salí de la habitación y entré en la minúscula sala de mi casa, empecé a llorar, a implorarle a Dios que no me quitara a mi papá. Y me repetía que todo estaría bien, que mi papi se curaría y todo volvería a la normalidad. Le pedí perdón a Dios por si en algún momento de angustia, ante las situaciones del alcoholismo, llegué a pensar aunque fuera por un segundo, que prefería no tener papá...

Me arrepentí de cada momento que me enojé con él, de cada situación en la que lo quería lejos de mí o dormido para que no me lastimara más, le pedí a Dios que me ayudara a ser más paciente, más buena niña, tal vez así mi padre dejaría el alcohol. Y es que los que han pasado por lo que yo viví entienden que en muchos momentos de dolor lo único que deseas es que esa persona se vaya, desaparezca por arte de magia, y un día regrese sonriendo, diciéndote que ya no existe el alcohol para ella.

Así me mentí también con mi primer esposo, sabiendo que no había esperanza en nuestra relación, era tanta mi necesidad de hacer que funcionara que me mentí hasta el día en que se fue de la casa.

También aprendimos a no ser transparentes con nosotras mismas cuando nuestros padres nos veían llorar y nos decían: No llores, no tienes razones. Y después de eso, nos decían: ¿Quieres llorar de verdad? ¡Te voy a dar razones para que lo hagas! Y entonces, venía el golpe, la nalgada. Al menos yo aprendí que el dolor no era dolor, que la alegría no era alegría. Aprendí a no llamar a mis emociones por su nombre, a no reconocer mis necesidades como ser humano, a aguantarme el coraje, a no permitirme llorar cuando deseaba hacerlo, y eso me llevó a tener un cúmulo de dolor albergado en mi alma, que me llevaba a creer que yo era víctima de todos y a su vez a querer hacer víctimas mías a la mayoría de la gente alrededor. No sé si a ti te pase eso, o si en algún momento de tu vida te has encontrado con que aún hay cosas del pasado que te duelen, que las recuerdas como si acabaran de pasar. Vale la pena escudriñarte, ya que todas esas emociones tarde o temprano nos cobran la factura, o nosotros se la cobramos a los que amamos, a nombre de la persona que nos hirió. Pagan justos por pecadores, dirían por ahí... Muchas veces sin razón, sin un propósito, solo con la intención de mitigar un dolor que no sabemos cómo sacarnos de nuestro corazón.

Un penoso olvido

Es triste admitirlo, pero los seres humanos nos hemos olvidado de ser transparentes, hasta con nosotros mismos. Tenemos tanto miedo de mostrarnos tal y como somos, que caemos con facilidad en la maldición del autoengaño, en demostrar a toda costa lo que no somos. Sin embargo, hay que decir que si la brújula de la honestidad y la verdad no es la guía primaria que rige nuestras vidas, es poco probable que triunfemos en cualquier área, y menos en el mundo de las finanzas. Hasta que no sepamos con certeza quién está dentro de nosotros o quiénes somos, con todas nuestras virtudes, potenciales, debilidades y carencias, no podremos tener negocios y finanzas exitosos. Esa es la única manera de conducir nuestra vida por el sendero del triunfo, en cada paso que demos y en cada decisión trascendental que tomemos. Además, cuando sepamos cuáles son los hilos internos que nos mueven, proyectaremos una imagen ante los demás sin ningún tipo de complejo o alteración. En muchas ocasiones, esos hilos son historias del pasado que nos siguen atormentando o nos siguen animando a tomar decisiones en nuestras finanzas, relaciones y hasta en lo que nos permitimos creer que merecemos y lo que no.

Es imperativo hacer un alto y realizar una lista de los autoengaños que usamos en la vida, y aun si quieres ir más allá, preguntarles a tus familiares, a tus amistades, los que sabes que no te mentirán y te dirán la verdad. Esto te ayudará a determinar las áreas que tienes que cambiar, y hasta te dará luz para ver por qué tienes los resultados obtenidos en las diferentes áreas de tu vida.

Una elección más adecuada

La transparencia no es fácil porque nos exige estar preparados de forma mental y emocional para reconocer con honestidad toda la información que hemos almacenado en nuestra mente y corazón. Todo ese bagaje dañino que arrastramos con los años ni siquiera lo colocamos nosotros, sino que fue depositado por las personas que más nos han influenciado desde la infancia hasta el presente.

La gran mayoría de nosotros conocemos muy bien esa suciedad; y ya que conocemos su apariencia y olor, optamos por cerrar la puerta y fingir que no vemos y que no percibimos el desagradable aroma. Basados en el fingimiento y la indiferencia, comenzamos el triste camino del engaño. Poco a poco aprendemos a ver cosas que no existen, a ignorar lo más evidente y a mentirnos a nosotros mismos, con el fin de no tener que hacer un inventario de todas las pestilencias internas que nos consumen.

Está claro que este equipaje interno influye en todas las áreas de la vida. Desde la autoestima, las relaciones interpersonales y la vida espiritual, hasta las finanzas personales. No obstante, cuando alguno de nosotros se abre y decide ser transparente consigo mismo, puede entonces verse tal como es, sin hacer juicios ni evaluaciones apresuradas. Esta posición madura y honesta le permite, además, hacer un inventario que con el paso del tiempo le ayuda a decidir lo que sirve y lo que no, sin sentimientos de culpabilidad, de drama o de chantaje.

Lo importante de la transparencia personal

Pero por lo general, la transparencia no estuvo entre los valores que nos fueron impartidos. En cambio, aprendimos a fingir, a asumir que todo estaba bien o que todo estaba mal, o a ignorar lo que estaba pasando tanto adentro como afuera de nosotros. Nos enseñaron a olvidarnos de la realidad que no convenía, a ver con ojos de indiferencia lo que en verdad estaba adentro o lo que en realidad queríamos, y a tomar con seriedad solo aquello que nos ayudaba a dar una imagen exterior agradable, incluso cuando no fuera real.

Con tristeza nos fuimos acostumbrando a una imagen ficticia, fantasiosa; hasta que ya no fuimos capaces de reconocer quién estaba dentro de nosotros. Nos alejamos tanto de nuestro verdadero ser interior, que ya no pudimos ver con transparencia. De manera natural empezamos a ver todo a través de estas falsas creencias que aceptamos para así ser «perfectos» ante la sociedad en que vivimos y poder demostrar que estamos bien, aunque por dentro nos estemos desgarrando.

En síntesis, la transparencia individual es tan importante como conocer tu nombre, tu fecha de nacimiento, los números de tu cuenta de banco, etc. Las mujeres —y los hombres también— aprendemos a actuar de acuerdo con lo que se espera de nosotros. Vamos creándonos una segunda persona en nuestro interior que vaya de acuerdo con las expectativas de la gente que amamos o que nos importan. Por ejemplo, tal vez siempre hayas pensado que puedes ahorrar dinero sin ningún problema. Sin embargo, para los más cercanos a ti eres un despilfarrador incapaz de ahorrar un solo centavo, esa es la etiqueta que en algún momento de tu vida se te impuso, por alguna ocasión en la que te gastaste todo el dinero y tal vez se te quedó el sobrenombre. Entonces, en el momento en que decides con seriedad abrir tu primera cuenta de ahorros, te sientes ridículo, hipócrita, y piensas que si alguien llegara a enterarse, se reiría de ti, al fin y al cabo, eres un despilfarrador. Eso es lo que se espera de ti, que malgastes y no que ahorres, pues lo primero es lo que te «distingue» de los demás.

En realidad, sí puedes cambiar en el momento en que lo desees. El asunto es que no queremos pagar el precio de tener que enfrentar la ironía y la burla con las que algunos individuos nos tratan. El escepticismo de aquellos que conocen nuestras debilidades, a menudo resulta ser una barrera anímica difícil de franquear. Sin embargo, hay que pensar que se puede usar el escepticismo de otros con respecto a nosotros de forma positiva, como combustible efectivo para nuestras motivaciones, como el desafío moral que enciende el deseo de alcanzar la meta. Lo que otros piensen de ti no debe ser el problema, sino lo que tú pienses de ti mismo, ¿no es así? Si tú crees que puedes, entonces puedes, aunque los demás piensen lo contrario. Al final, ¿quiénes serán los engañados?...

Lo importante es reconocer que:

1. Nos autoengañamos para evitar el dolor o para crear felicidad. Y lo hacemos de manera natural al no reconocer nuestras verdaderas emociones o necesidades.

2. Lo hacemos la mayoría del tiempo para ser aceptados por una sociedad que nos aplastaría si no encajamos en lo que se espera de nosotros.

Además de que nos evaluamos por medio de las ideas erróneas que tenemos de nosotros mismos y las creencias negativas de la sociedad que te dice qué debes ser.

Y es entendible que nos dé miedo que nos expulsen de los círculos en los que nos sentimos amados y aceptados. Esto sucede muy seguido cuando la gente con la que nos juntamos no está creciendo con nosotros o no busca moverse de donde está. Cuando tú empiezas a cambiar, la gente se siente incómoda. Hay dos razones por lo que esto sucede:

1. Al tú crecer, ellos se sienten obligados a hacerlo y tal vez no quieran pagar el precio o no quieran poner energía en eso.

2. Ellos han querido cambiar, pero no lo han logrado, con esto tú estarías rompiendo todas las excusas que ellos se han creado para no hacerlo.

Al levantar tus estándares, o levantas los estándares de la gente que te rodea, o terminas bajándote a sus estándares de nueva cuenta... Y en otros casos, simplemente creas un nuevo grupo que cubre los requisitos que buscas para tu presente y futuro. De manera mágica empiezas a atraer a personas que comparten tus mismos criterios y sueños.

En la vida cotidiana repetimos todos los estereotipos que nos han «colgado» y que nosotros hemos terminado por adoptar como propios, aun cuando ni siquiera nos sintamos bien con ellos: ¡es que es lo único que podemos ser!, solemos pensar, y la realidad es que tenemos un mundo de posibilidades enfrente de nosotros y EN nosotros. No hay nada que no podamos lograr, resolver, crear o cambiar en nuestras vidas, es uno de los beneficios del libre albeldrío y es nuestra decisión usarlo o no.

Una buena nueva

Pero tengo una buena noticia para ti. Este es el día en que aprenderás a ser transparente contigo mismo. Para comenzar, hazme y hazte un favor. Sacúdete la vergüenza y mírate tal y como eres. No te juzgues; solo mira en tu interior como si fueras otra persona; mírate con misericordia, como cuando ves a alguien que no ha tenido oportunidades en la vida más que aquellas que lo han traído hasta el punto en el que se encuentra ahora.

Mírate con amor, como nunca antes te has visto. Mírate con pasión, como cuando quieres ayudar a alguien a cambiar el rumbo de su vida; mírate como Dios tu padre te mira. No te mires con pena, con angustia, con coraje, con desesperación. Más bien piensa que por primera vez podrás ver a esa persona que existe dentro de ti; que podrás conversar, evaluar, ayudar y preguntar.

Creo que nunca estás totalmente completo. Siempre hay algo nuevo que aprender, que mejorar, que transformar. Me encuentro totalmente comprometida con mi crecimiento, por lo que siempre estoy invirtiendo en educarme, en descubrir más de mí, de lo que me rodea. En ese afán hace algunos años fui a un entrenamiento en el cual decidí ser transparente conmigo misma, en la búsqueda de saber quién soy y de crecer... y ¿quieres saber la verdad? ¡No me gustó lo que vi! Me encontré a mí misma como una persona que siempre era víctima, que todo el tiempo quería controlar a las personas a mi alrededor, muy necesitada de reconocimiento, peleando porque se me amara (como si pelear funcionara). Y entonces, tuve que parar, dejar de ser víctima y simplemente decirme: Ana puedes seguir así o puedes tomar cartas en el asunto. Así descubrí que si me miro con más amor, puedo reconocer las cosas positivas que tengo, puedo ver más posibilidades para mi vida. Y parada desde mi grandeza y no desde mi posición de víctima o de escasez, puedo reconocer dónde me encuentro y cambiar lo que no me sirve.

Imaginemos juntas durante unos momentos

Durante los talleres que imparto, al momento en que explico lo que sucede cuando por primera vez haces una evaluación acerca de quién eres, hago lo siguiente; así que te invito a leer las instrucciones y disfrutar.

Para comenzar imagina que estás frente a tu guardarropa lleno de prendas. Siempre has deseado vestirte muy bien, pero por desgracia, no sabes cómo ni cuándo alguien puso una venda en tus ojos, y esa venda te impide ver qué es lo que tienes en tu guardarropa. Así que día tras día, entras a tu clóset y lo único que haces es tomar una prenda, sin saber si combina o no. Solo te aseguras de que esta prenda cubra lo suficiente y funcione de forma adecuada, para que luego la gente no se queje de tu desnudez. Pero entonces, ellos se quejan porque no combinas apropiadamente lo que usas. Es posible que la prenda que llevas no armonice con quien eres en realidad, pues el color que estás usando en tu blusa no va con tu color de piel. La realidad es que ya te acostumbraste a vestirte sin saber qué es lo que estás usando, lo cual hace mucho que dejó de importarte. Te has acomodado tan bien a esa situación, que incluso te justificas diciendo: *Para tener los ojos vendados, la verdad es que lo hago muy bien.*

Sin embargo, un día alguien te comenta que tienes muy buen gusto para vestir, y que lo único que te hace falta es poder ver, para escoger de forma acertada. ¡Qué tonto!, piensas tú, ¿*es que no ve que tengo los ojos vendados?* Pero esta persona insiste en que ha reconocido en ti un gran potencial para combinar ropa.

Esto te perturba, te enoja. Te parece insolente, y piensas: *¿Acaso no entiende? ¡Yo nunca podría escoger bien! Ni siquiera pude escoger el tener esta venda en los ojos, y ahora solo tengo que conformarme con vivir con ella.* Sin embargo, esta persona continúa insistiendo, hasta que llega un momento en que empiezas a dudar si en realidad deberías tener la venda puesta o no. La verdad es que nunca has tratado de quitártela. No es que no lo hubieras considerado, más bien es porque te parecía que todo el mundo esperaba que la tuvieras puesta para que no pudieras escoger de tu guardarropa. Piensas: *Si está ahí, es por alguna razón. No voy a ser yo quien rompa las reglas para que luego todo el mundo me vea como la persona que se volvió loca y se quitó la venda.* ¿Qué si al quitártela encuentras que era mucho mejor tenerla?, al fin y al cabo, así no te dabas cuenta de esa realidad que te asusta porque no la conoces. Alguien la puso ahí por alguna razón. Pero... ¿Y si al dejarla te das cuenta de que, de manera ingenua, eras la única persona con una venda?

A fin de cuentas, después de pelear contigo misma durante días y noches (esas peleas mentales que solemos tener con nosotras mismas, en las que nos preguntamos, nos contestamos, nos gritamos y nos sentimos tontas una y mil veces), una de esas noches, alrededor de las tres de la mañana, te incorporas en tu cama y te desatas la venda de los ojos. Miras a tu alrededor y descubres que algunas cosas te encantan y otras te parecen horrorosas. Entonces sales corriendo de tu cama y llegas a tu clóset... Por primera vez observas todo lo que allí se encuentra. Has esperado este momento toda tu vida, piensas: *¿Qué es eso de vestirse sin saber si lo que uno usa en realidad refleja quién eres?* Miras arriba y abajo, y descubres ropa vieja que tú seguías usando porque pensabas que aún podía darte los resultados deseados. Es ropa que ya ni te queda bien y que además te marca los gorditos de la cintura más de la cuenta. También descubres algunas otras cosas que están completamente fuera del contexto que constituye tu verdadera personalidad.

Observas que hay ropa que está ahí sin haber sido estrenada siquiera, y que no te has atrevido a usar solo porque no sabes cómo te quedará. También encuentras algunas prendas que te habría gustado saber con anterioridad que estaban allí. ¡Qué las tenías ahí justo frente a ti!

Por primera vez observas tu guardarropa en todo su esplendor, y puedes hacer una evaluación concienzuda para decidir qué se queda y qué se va. Así puedes determinar si alguna prenda ya no concuerda con tu edad o con tu plan de vida. Por primera vez sacas y tiras, admiras y valoras toda la ropa que por años no habías podido ver. Así, imagina que hay hábitos, emociones, conductas, que no nos sirven, que no nos van, y que seguimos usando; por el otro lado tenemos los dones y talentos que tal vez nunca hemos usado, porque no nos hemos dado el tiempo para reconocerlos, para reconocernos. Esto lo puedes trabajar tú solo, ¿qué es lo que tienes para ya no usar en tu vida? ¿Qué es lo que ya no te sirve y por alguna razón te sigues «vistiendo» con eso? ¿Cuántas de estas cosas están creando resultados que no te sirven, tal vez malas finanzas, relaciones fallidas, enfermedades? Quítate la venda y ve por primera vez todo lo que eres sin limitaciones.

Cuando te veas así es como quiero que te veas: como si por primera vez pudieras evaluar quién eres, qué tipo de pensamientos tienes, cómo actúas y cómo reaccionas. Después, quiero que te hagas una pregunta: *¿esta persona que soy ahora, me dará los resultados financieros, familiares y personales que deseo en mi vida?* Tal vez sea hora de hacer algunos cambios en el guardarropa de tus emociones, tu carácter y tus pensamientos.

Primero, tienes que darte la oportunidad de quitarte la venda, para que así puedas hacer una evaluación REAL de quién eres.

Ser transparente y quitarse la venda de los ojos no es fácil. Es mucho más fácil permanecer con ella y acostumbrarse a la indiferencia, asumir que nada pasa; pero la verdad es que el resultado final habla mucho más de la inconveniencia de continuar con la venda, que de quitársela.

Algo por hacer

Hay dos cosas que quedarían por hacer. En primer lugar pararte en la humildad y en la compasión y aceptar lo que hay que cambiar, lo que hay que tirar. Acuérdate, si lo puedes reconocer, lo puedes cambiar.

Llora si sientes que quieres llorar. Grita, patalea, incluso ¡enójate contigo misma!, pero decide que esta será la última vez que lo harás por las razones equivocadas; por no saber quién eras en realidad y porque las circunstancias adversas fueron mucho más fuertes que tú y siempre acababan por doblegarte.

Es posible que sientas un terrible coraje; tal vez pienses que es una locura, que esto no dará resultado, que estás actuando de forma equivocada. Recuerda, si crees que funciona, será efectivo para ti. Si piensas que no dará resultado, entonces estás cerrando la puerta de las oportunidades. Mas si lo haces, acepta con honestidad que fuiste tú misma quien lo hizo, no culpes a nadie. Nadie además de ti misma tiene responsabilidad ni parte en los resultados que obtienes en tu vida.

Por último, perdonarte y perdonar. Conforme haces este ejercicio una y otra vez, te darás cuenta de que hubo personas que influenciaron tu vida de manera positiva y negativa. También podrás ver con más claridad las veces en que tú misma creaste situaciones y hábitos que solo te estaban lastimando.

Perdonarse a uno mismo es de las cosas que la gente no entiende que es importante para crear estabilidad financiera. Pero esto es así... Si tienes sentimientos de culpa, esta se encargará de que creas que no mereces nada, y eso incluye riqueza, abundancia.

Perdonarse es un acto de fe, un acto de amor y de compasión. Y no fue de lo que más nos dieron en nuestras casas, y menos en la sociedad.

Pero si no te perdonas, no puedes perdonar. La mayoría de nosotros no somos capaces de dar lo que no tenemos. No podemos entender por qué se debe dar una oportunidad, si a nosotros no se nos dio. Pero el espacio que llena el rencor, la angustia y la culpa es tan grande, y la energía que utiliza para alimentarse es tanta, que no nos damos cuenta de que después no tenemos intenciones de crear nada, porque estamos totalmente drenados.

Así que hoy te invito a que eches fuera todas esas emociones que te perturban y continuemos con el siguiente ejercicio.

Elabora una lista de todas las actitudes, paradigmas, mapas mentales, ideas, hábitos, cualquier cosa que no te guste de ti y que quisieras cambiar para poder alcanzar tus metas. A un lado escribe la palabra por la que quisieras cambiarla. Después, dobla la hoja y pégala cerca de algún lugar donde puedas verla con facilidad. Ponla por el lado donde escribiste lo que quieres llegar a ser. Los lugares que recomiendo para pegar esta hoja son: el baño (sí, ahí donde nadie te molesta y de cualquier manera quieres leer algo), la puerta de tu refrigerador, enfrente de tu escritorio, en tu cajón de la ropa interior... Ponla en los lugares donde acostumbras pasar mucho tiempo. Cada vez que estés cerca, léela diciendo: «Yo soy etc., etc.», y luego termina con la frase «¡AHORA!». Este ejercicio practicado con regularidad da mucho poder. Declarar que ya eres lo que escribiste es un ejercicio que funciona porque el subconsciente empieza a alinearse poco a poco con la realidad que estamos proclamando. Para cuando termines de leer este libro, también habrás terminado con hojitas dispersas por todos lados; esa es la idea, que tú misma te entrenes y aprendas a estimular tu subconsciente de forma tal que puedas reinventarte a ti misma las veces que sea necesario.

Por mucho tiempo, una gran parte de nosotros pensamos que lo que éramos, era lo que teníamos que «vestir» o que ser. Cuántas veces no escuchaste: Así soy y así me voy a morir. Es muy difícil cambiar... La gente ya no cambia y yo menos.

Todo eso no es cierto, si no ¿cómo funcionaría la gracia de Dios sobre nuestras vidas? ¿Cómo funcionaría el poder de la cruz en nuestras heridas?

No compres ideas añejas y cerradas. Estamos en la era de la innovación, ¡tómalo primero para tu vida, y después lo podrás usar en tus finanzas y en tus negocios!

El arte de reinventarnos

Si te estás preguntando: *Pero, ¿qué es reinventarme?* y *¿Por qué necesitaría yo reinventarme?* Reinventarse es como volver a nacer, es permitirte ser como el ave fénix, como la mariposa. Es permitirte usar el versículo Romanos 12.2 que habla de renovación de la mente. Cada vez que nos renovamos, creamos una nueva parte en nosotros que tal vez no sabíamos que éramos capaces de crear. Es usar nuevas capacidades, nuevos esquemas de procesamiento de lo que nos sucede. Es redefinir qué soy, quién soy y cómo creo mi vida.

Te sugiero que pienses en esto: cada vez que cambiamos de trabajo, de amistad, de pareja, o cuando tenemos un hijo, algo en nuestra vida cambia. Necesitamos reinventarnos íntimamente para poder aprender a lidiar con ese nuevo reto que comienza en nuestra vida. De modo que tú puedes ir cambiando tus listas, dependiendo de lo que vas logrando y lo que se va modificando en tu camino; de hecho, si no te estás reinventando, renovando o innovando en tu vida, entonces estás retrocediendo o muriendo en algún área. El mundo ahora se mueve muy rápido y nosotros nos hemos tragado la idea de que las cosas se deben hacer de manera lenta para que funcionen; según mi parecer, esto es solo una excusa para no tener sentido de urgencia. El punto es: TÚ eres un ser en cambio, movimiento, transformación, renovación e innovación constante. No hay nada más gratificante que subirte a la siguiente montaña y ver que todavía hay mucho más por conquistar.

Debes practicar la transparencia para así poder reconocer tus áreas, esas que si cambias podrían ayudarte a obtener los resultados que tanto deseas. Y conforme vayas convirtiéndote en la persona que requieres ser, te darás cuenta de que esto nunca termina.

Yo he aprendido que hay cosas que no son opcionales en la vida. Ser quien debes ser no es una opción. La transparencia contigo misma tampoco es opcional; tiene que ser un DEBER, porque si no eres transparente, estás permitiendo que alguien que no eres tú viva tu vida. Esa persona que no conoces bien porque no eres tú, es un intruso que se ha colado en tu personalidad y te ha hecho creer que no hay nada más que hacer, que solo te resta vivir la vida del mismo modo en que la has estado viviendo.

En el 2010 decidí regresar a México. No fue una decisión fácil, y sí muy dolorosa. Primeramente tuve que ser transparente conmigo misma, con todo lo que no me gustaba de mi vida, mis resultados y con lo que tendría en el futuro si no cambiaba de manera radical. El simple hecho de tener que aceptar en donde me encontraba y POR QUÉ, era muy doloroso. Siempre queremos ignorar, minimizar y hasta mentirnos para no ver lo que hemos creado. Hay algo que siempre he deseado en mi vida y es llegar a veinticinco años de casada. Aún lo anhelo en mi corazón, no pierdo la esperanza.

Si alguien más lo ha logrado, entonces yo también puedo. En diciembre del 2010 tomé una de las decisiones más dolorosas de mi vida, un segundo divorcio. Separarme de quien yo pensé que sería la última persona que vería antes de cerrar mis ojos para ir a la presencia de mi padre. El simple hecho de imaginarme sin él me hacía un hueco en el estómago y me empezaba un dolor en el pecho... En circunstancias como esas, ¿quién querría ser transparente? Lloraba y lloraba pensando que si lo hacía algo se lavaría en mí, o poco a poco el correr de mis lágrimas irían borrando los recuerdos y las culpas. Pero nada de eso pasaba, de hecho, mientras más transparente era conmigo misma, más dolor creaba, más culpable me sentía, y el hueco en mi estómago ahora se había expandido a mi pecho, mientras que el dolor de mi pecho, ahora estaba en mi estómago, espalda, cabeza... Creo que no había un área de mi cuerpo que no me doliera a consecuencia de lo que estaba descubriendo y viviendo en ese tiempo. Como lo comenté anteriormente, nos vamos creando estereotipos de lo que «debe» ser, y aunque sea infeliz o haga infeliz a mi pareja, prefiero quedarme ahí a esperar a que Dios haga el milagro... pero y ¿si ese milagro nunca llega? ¿Si de hecho estamos totalmente fuera de lo que Dios nos pide? ¿Si ni siquiera nos acordamos de él?

Tener que ser otra persona que no eres para que se te ame y se te acepte, tarde o temprano termina por matarte por dentro, por aprisionar tu espíritu, por enjaular tu propósito de vida y por pudrir tus sueños.

Y así, un día me di cuenta de que no solamente yo estaba podrida por dentro, también estaba pudriendo a mi pareja y a mis hijos.

Creo que después de ser transparente conmigo misma, lo primero que tuve que hacer (claro, después de llorar y culparme) fue aceptarme, como te decía, verme yo misma con más misericordia. Aceptar que todos nos equivocamos, y si bien algunos se equivocan en otra área, yo me había vuelto a equivocar en el matrimonio. Y no que me haya equivocado de pareja, creo firmemente que durante el tiempo que duró, eso era lo que yo necesitaba. Recuerdo a mi exesposo sentado delante de mí, diciéndome: «Tal vez es hora de que vueles, de que separemos nuestros caminos». Y aunque por dentro yo sabía que eso era lo mejor para los dos, también adentro de mí algo me decía que debía seguir luchando como lo hacía con mi padre. Pero ahora entiendo que era totalmente absurdo. Los dos en algún momento del camino habíamos decidido que no podríamos hacernos felices, y sin ayuda de alguien profesional, simplemente se fue agudizando.

Cuando pude verme con más misericordia, pude ver también las cosas con mayor objetividad. Empecé a dejar de juzgarme y a tomar más acción. Me paré ante la cruz y le pedí a Jesús que limpiara mis heridas, que curara mis dolores y me diera una razón más poderosa para seguir adelante. La respuesta siempre estuvo ahí. Él es mi razón.

Pude atreverme a abrir mis alas y volar hacia mis sueños. Nunca las decisiones que van totalmente en contra de lo que la sociedad espera, son fáciles de tomar y de accionar. Pero creo que no ha habido alguna de ellas que yo haya tomado, que al final me haya arrepentido. Me equivoco y mucho, porque estoy en constante movimiento, me caigo, me lastimo, me vuelvo a levantar... todo eso no sucedería si no estuviera en movimiento.

Si es cierto que las misericordias de Dios son nuevas cada día, yo soy la primera en reclamarlas. Pero para reclamar las correctas, primero tuve que ser transparente conmigo misma.

Mi consejo para ti en ese sentido se resume en las siguientes líneas: Pon color a tu arcoíris, date la oportunidad de amarte y respetarte. Dios tiene pensamientos de bienestar, de grandeza y prosperidad para ti.

Hazte el favor de sacudirte la vergüenza, la culpa, mírate tal y como eres. Atrévete de una vez por todas a ser transparente contigo misma. A ver la grandeza en ti, la grandeza de nuestro Padre.

2

Aprende a ser de una sola pieza

Quiero pensar, sentir y actuar en la misma dirección. Ahora que sabes quién eres en realidad, continuamos con la parte divertida, algo que yo llamo: *ser de una sola pieza.*

Con frecuencia decimos que queremos tener libertad financiera, pero la realidad es que nos comportamos como si no la quisiéramos. Preferimos seguir gastando, seguir en descontrol. Preferimos la satisfacción inmediata a la lenta y dolorosa transformación interna, que nos lleve a resultados financieros diferentes. Le decimos a todo el mundo que lo único que deseamos es ser felices, y nos empeñamos en buscar hasta la más mínima razón y justificación para seguir en la desdicha. Y es lo mismo, internamente lo que en realidad deseamos es seguir teniendo la razón, es hacer nuestra voluntad. ¡Es por eso que deseamos tanto esa felicidad!

A menudo platico con personas que me dicen: «Mira, puedo hacer de todo, pero no me pidas que me gusten los números». Pues tengo una mala noticia para ti. Aunque no te gusten los números, realmente tienes que aprender a manejarlos.

Créeme, cuando tu cuenta bancaria y tus inversiones empiezan a crecer, también comienzas a entender la importancia de no estar en resistencia en tu relación con los números, y claro, empiezas a amarlos, no con un amor enfermizo, sino con el amor que se profesan los aliados, al saber que te ayudarán a tener la vida que en realidad deseas. Yo siempre le digo a mi esposo que la meta no es tener dinero; es algo que va mucho más allá, es vivir sin las limitaciones, es ser de bendición para otras personas, es poder realizar tu propósito de vida, es acerca de lo que puedes hacer cuando tienes abundancia.

Ahora bien, volviendo al punto, ¿cómo se hace para ser de una sola pieza? Primero, decide cuál es el área que quieres cambiar. Por ejemplo, yo un día decidí que soy una mujer de negocios. A los veintiséis años me di cuenta de que yo nunca cabría en ninguna empresa, pues todos los jefes me desagradaban y además me molestaba mucho que alguien más me dictara el cómo, cuándo y dónde. Después me di cuenta de que era mi ego lo que me hacía no sentirme cómoda en ninguna compañía, mi arrogancia de pensar que yo no tenía que someterme a nadie. Después entendería que si eres un verdadero líder y dueño de negocios siempre estás trabajando en equipo. En algunas ocasiones habrá que someterse al liderazgo de alguien más, y en otras situaciones tú serás el líder.

Así que un día decidí que yo no sería la empleada de nadie y «de manera oficial» me convertí en una mujer de negocios independiente. Por supuesto, eso implicó empezar a leer mucho sobre finanzas, negocios, proyecciones; asistir a talleres; cambiar mi vocabulario; aprender a pensar, razonar, actuar; tener hábitos y costumbres de empresaria.

Me di a la tarea de buscar personas que ya tuvieran un recorrido en los negocios. Me sentaba a platicar con ellas por horas, a escuchar sus experiencias, sus tragedias y sus victorias. Me aseguré de que mi círculo de influencia estuviera formado por personas que ya eran empresarias, pues así me obligaba a pasar todo el día pensando en negocios: comer negocios, sudar negocios, soñar negocios... ir al baño pensando en negocios.

Este es uno de los principales puntos en los que muchos claudican. Quieren hacer negocios que se conviertan en sus empleos, sin entender que todo negocio tiene su curva de despegue y que tú, como recién estrenado autoempleado, también tienes tu curva de aprendizaje.

Por otro lado, dicen querer ser dueños de sus negocios, pero no están dispuestos a pagar el precio de lo que eso significa. A mi parecer, es como si pensaran que tienen una varita mágica que hace que de un día a otro ya entiendan de negocios, administración, ventas, liderazgo, contabilidad, mercadeo, posicionamiento en el mercado, etc.

No comprenden que ser de una sola pieza significa que si acabas de cambiar de empleado a autoempleado, pasará un tiempo antes de que te comportes como, y SEAS, un autoempleado, pero debes trabajar e invertir en aprender a serlo. Aunque sé que a muchos no les agrada el término autoempleado, hasta para serlo se necesita cierta información, cierto entrenamiento que te permita ser de una sola pieza contigo mismo, después de eso, puedes seguir tu camino a dueño de negocios o inversionista.

Nuestra realidad

Cada vez que sueño con un nuevo proyecto, me fascina fijarme retos de conocimiento, porque me doy cuenta de que como mujeres, y bueno hay muchos hombres que no se quedan atrás, nos limitamos con mucha frecuencia debido a lo que decidimos creer que merecemos para nuestras vidas. En realidad, si entendemos que estamos hechas a imagen y semejanza de un Dios creativo y todopoderoso, sabríamos que también nosotras fuimos dotadas con creatividad; y por lo tanto, podemos acrecentar y cumplir nuestra visión aquí en la tierra. No fuimos hechas a imagen de Dios por la parte del cuerpo, sino por la parte del espíritu. Y si nos viéramos de esa manera entenderíamos que tenemos mucho por hacer y por descubrir de nuestro espíritu, ya que este la mayoría de las veces lo tenemos enclaustrado en los límites de las leyes de la física, porque pensamos que se debe limitar a lo que mi cuerpo o mi mente CREA que es capaz de hacer.

De esta manera por decirlo así, NO somos de una sola pieza con nuestro espíritu, hasta que lo reconocemos, lo alimentamos y lo hacemos crecer.

Si no eres coherente con lo que quieres para tu vida, una de dos cosas podría suceder: o no llegará nunca, o te desesperarás porque tardará mucho. Esto ocurre porque no eres de una sola pieza. Así que déjame explicarte qué es lo que pasa en nuestro interior.

Los procesos mentales

Desde la infancia, todos y todas vamos registrando cosas en nuestra mente: emociones, recuerdos o conocimientos. Conforme vamos creciendo, estas se van incrementando, ya sea confirmándolas o cambiándolas por una idea que encaja mejor con todos los demás registros que tenemos. Por mencionar un ejemplo, supongamos que de chiquita te daban dinero cada domingo, mas nunca te dijeron que podías ahorrarlo. Sin embargo, cuando lo usabas todo en dulces, te llamaban gastadora. En realidad no tenías otra opción, pues nadie te enseñó que había otras cosas en las cuales emplear el dinero.

Tú, lo único que sabías, era que el dinero era para gastarse. Así que conforme vas creciendo vas haciendo lo mismo una y otra vez. Pero de pronto, te encuentras con alguien que, a diferencia de ti, le dijeron que el dinero era para ahorrarse, porque podrían ocurrir cosas terribles. Como en tu mente no tienes un registro que relacione las cosas terribles con el dinero, pues esto no tiene ningún efecto en ti, entonces te preguntas: *¿Cómo es posible que esta persona piense de esa manera?* Para la otra persona, por el contrario, le resulta inaudito que exista un ser humano en este planeta que no sepa que hay que ahorrar dinero para un día de tragedia. ¿Qué tal si te pasa un camión por encima? ¿O si te chocan? Ya sabes... ¡Con tanto loco suelto allá afuera! O peor aun: ¡Si te corren del trabajo, te suben la renta o te deja tu marido!

La cuestión es que esta persona no entiende cómo puedes gastar tu dinero sin sentir ningún remordimiento. Más adelante te encuentras con otra persona que piensa que el dinero es el origen de todos los problemas, de todos los divorcios, de todas las situaciones trágicas en el mundo. «¿No ves?», te comenta, «¡el dinero y el poder son malísimos!». Y se empeña en decir que todos los que buscan el dinero solo quieren satisfacerse a sí mismos sin pensar en aquellos que no tienen para comer, en la gente pobre; todos los problemas de corrupción los relaciona con el dinero. Con frecuencia, esta persona se enfoca más en ser muy humilde en su forma de vestir, ya que no necesita excentricidades, y en gastar menos en lo que no es necesario en lo absoluto. Sin embargo, tú siempre has vivido pensando que el dinero es para gastarse, la consideras una loca y sigues tu propio camino.

Al poco rato, te encuentras con alguien más que te sienta y te da una cátedra de por qué tu dinero debería estar trabajando para ti. Te enseña metas sobre lo que lograrías si ahorraras o invirtieras tu dinero, y vuelves al mismo punto; no lo puedes relacionar porque tu registro mental no concuerda con lo que te están enseñando.

Pero un día conoces a una persona que es igual de despilfarrador que tú, y por supuesto, se caen súper bien. Ambos se van de compras, y ¿adivina?, se gastan hasta el último centavo.

Lo que quiero decir es que mientras no te hablen en tu mismo idioma, no podrás entender el dialecto diferente al que tienes grabado en tu mente. Es curioso que después, al ir creciendo, nos vamos dando cuenta de que nuestro registro no es el que funciona correctamente. De hecho, descubrimos que si pudiésemos mezclar todos los anteriores, podríamos tener un mejor resultado en la vida. Pero mientras no te permitas ver lo que tienes en tu mente, seguirás pensando que aquello es lo único que tú puedes ser.

Un registro mental es una idea arraigada con una emoción que se convierte en tu realidad. La realidad está conformada por acuerdos. Y los acuerdos están conformados por sucesos que han sido CONFIRMADOS por eventos a los que les hemos dado el significado de positivos o negativos.

Los procesos mentales son los que determinan si los eventos que suceden en nuestras vidas son negativos o positivos. Tú y yo conocemos personas que han pasado por los mismos problemas y que han tenido diferentes formas de procesarlos y de levantarse de ellos.

Lo que es necesario

Tú necesitas cambiar el esquema mental, decidir que serás de tal o cual forma, y empezar de este modo a actuar y pensar con toda la intención de desarrollar ese tipo de pensamientos. Pero si eres de aquellas personas que toda la vida creció escuchando que estamos hechos para ser pequeños y pobres, entonces te encuentras frente a un buen reto para cambiar ese tipo de pensamiento.

Vamos a imaginar que ya decidiste cambiar tu forma de pensar y de actuar, que ya estás siendo de una sola pieza. Déjame decirte que tampoco ahí termina la historia, ya que tu subconsciente y tu registro estarán peleando contigo todo el tiempo, te sabotearás a ti misma montones de veces antes de que ya no tengas que seguir en pie de guerra contra tu mente, y que de forma natural adoptes un nuevo hábito. Ser de una sola pieza significa que tendrás que hacer una evaluación de tus pensamientos, acciones, actitudes y hábitos; evaluar cuáles de ellos van de acuerdo con el nuevo concepto que quieres para tu vida.

Si lo que deseas en realidad es ser una empresaria exitosa, tienes entonces que comportarte como tal. Si lo que quieres es ser inversionista, empieza a investigar cómo se comportan los inversionistas. Júntate con ellos, exprímelos, aprende tanto como puedas. Esta es la escuela de la vida, la que no cuesta dinero, aunque muchas veces cuesta llanto, desesperación, templanza, paciencia, y sobre todo, cuesta tener la convicción de que en verdad quieres estar en una nueva etapa en tu camino hacia el éxito.

¿Qué significa ser de una sola pieza?

Ser de una sola pieza significa pagar el precio de hacer las cosas de diferente manera, sin pensar en lo que es más cómodo para ti, sino en qué es lo que más te acercará al resultado que quieres obtener en tu vida. Exacto. Sé lo que estás pensando. No es fácil, no es sencillo, y mucho menos divertido; pero si no adoptas esta nueva forma de pensar, lo único que lograrás en el futuro es perder el tiempo, engañarte a ti misma y lo peor es que cuando no veas resultados, te sentirás más frustrada que al principio.

Todos tenemos la libertad de decidir hacer lo que tenemos que hacer, o seguirnos justificando.

Como necesitarás justificar tu fracaso, te dirás una y mil veces que ser libre financieramente, no tener deudas, poseer la casa que deseas, un ahorro, un fondo de retiro, son cosas que no son para ti de acuerdo con tu lógica.

El cuento de las mil y una justificaciones

Me causa gracia cuando escucho a las mujeres decir: «Es que "Diosito" no ha de querer que salga de deudas». O «es que Dios me ha de estar enseñando algo y por eso no puedo prosperar». ¡Qué tontería! De una buena vez deja de usar la tarjeta y de comprar cosas absurdas. Enciérrate en tu casa si es necesario, córtala, o haz lo que tengas que hacer para que te comportes como una mujer o un hombre de una sola pieza. Todo se genera de adentro hacia afuera, no de afuera hacia adentro. Dios es el primero que tiene pensamientos de abundancia y crecimiento para ti, eres en muchas ocasiones tú misma la que se sabotea y la que decide que NO quiere pagar el precio de salir del hoyo donde se encuentra. A fin de cuentas, ¡el hoyo se conoce muy bien!

Recuerda que para ser de una sola pieza necesitas primero aprender a amarte a ti misma y aceptar lo que crees que mereces ser. Es ser coherente con tus objetivos y amarte por encima de quien, hasta ahora, has pensado que eres. Es abrir el cofre de la verdad y despertar al nuevo amanecer de ser la misma por dentro y por fuera. Es ser tú misma, sin importar qué piensen los demás; ver los resultados deseados en tu vida, y creer cada día más y más en tus propios potenciales.

3

Di no a la manipulación engañosa y sí a la persuasión creativa

S é lo que estarás pensando cuando leas el título de este capítulo. Sí, es cierto. La primera persona que debe dejar de manipularse a sí misma ¡eres tú! La tradición indica que somos especialistas en manipularnos. Desde pequeños, se nos enseñó a ser manipuladores. Es más, creo que desde que nacemos, comenzamos a desarrollar la manipulación de una manera casi natural, al grado de convertirnos con el tiempo en unos expertos en el arte de manipular; primero con nosotros mismos y luego con todos los que nos rodean. Entonces, como estamos acostumbrados a manipular, también permitimos que nos hagan lo mismo y así se repite la historia una y otra vez.

Nos suele pasar

Abundan las tarjetas de crédito que ofrecen cero por ciento de interés por no sé cuántos meses —digamos ocho—. Desde que vemos el anuncio, lo primero que pensamos es: *Está bien, puedo usar la tarjeta sin que me cobren intereses, ¡qué maravilla!* Sin embargo, algo dentro de nosotros nos dice que cuando llegue el tiempo de empezar a pagar, tendremos la tarjeta hasta el tope y entonces ¡terminaremos pagando intereses! ¿No es cierto?

Pero como conocemos a la perfección la forma de manipularnos, nos decimos: *No, eso no va a pasar* [batalla mental] y nos lanzamos a conseguir la tarjeta, sin tener un plan de cómo vamos a pagarla. Para calmarnos un poco, nos decimos algo así como: *Voy a usar esta tarjeta solo para tal o cual cosa.* Sin embargo, no lo acatamos porque, de hacerlo así, pronto nos daríamos cuenta de que no tenemos dinero ni siquiera para pagar aquello en lo que queremos gastar.

Lo único que nos queda entonces es manipular los pensamientos; engañarnos a nosotros mismos y pretender que tenemos todo bajo control, cuando en realidad sabemos que estaremos en aprietos a la hora de que llegue el primer pago.

Nos mentimos con tal de obtener la satisfacción inmediata y así calmar el demonio interno del consumismo.

También nos dejamos manipular por la gente que tenemos alrededor, por el clima, por el gobierno, por el esposo, por la vecina, etc. Es impresionante el modo en que permitimos que las personas que nos rodean sean quienes decidan si vamos a ser felices, exitosos, amables, ricos, visionarios, etc. Con una facilidad aterradora doblegamos la autoridad de nuestra mente a cuanta cosa nos ponen enfrente, y cedemos sin reservas el derecho de ser los forjadores de nuestra vida. Mas si lo permitimos es en parte porque sabemos que así, tranquilamente, podemos echarle la culpa a alguien más, podemos creernos víctimas de los «sucesos» y de esa manera nos deslindamos de cualquier responsabilidad. Esto funciona mejor que tomar las riendas de nuestro propio destino, ser responsables de cada resultado que tenemos en nuestras vidas, ya que para esto necesitaríamos, en primer lugar y como ya explicaba en el capítulo anterior, ver nuestro guardarropa: tu mente, tus mapas mentales, hábitos, paradigmas, y en segundo lugar, ser de una sola pieza. No obstante, creo que el noventa y nueve por ciento de la gente que he conocido prefiere ir por la vida diciendo una cosa y haciendo otra.

He escuchado a muchas personas que se enfadan por el clima, y justifican su descontento diciendo algo como: «Es que cuando llueve me pongo triste y sé que me sentiré mal todo el día... Es que cuando hace calor me pongo de malas pulgas [de mal humor], así que la gente que está a mi alrededor debe cuidarse de cómo me habla porque me altero fácilmente cuando hace calor...». Otros, por la situación económica del país, justifican su ambivalencia anímica, diciendo: «Como la economía está en mal estado, por ende la mía también». Es de verdad increíble ver como muchos de nosotros no nos respetamos y de manera absurda permitimos que hasta un mosquito nos robe nuestras ganas de triunfar.

Ser honestos es el principio

Permíteme decirte algo, si vas a mentirte y manipularte, al menos ¡hazlo por algo que te beneficie realmente! Si te vas a mentir ¡que sea por algo que valga la pena! Te recomiendo que pienses positivamente; por ejemplo, en cómo será el día de mañana, en disfrutar el día de hoy como si fuera el último. Me encanta el refrán que dice: «Un día a la vez». Es decir, preocúpate por ser hoy quien tienes que ser, y no te preocupes por el día de mañana, ni por el ayer; haz hoy la parte que corresponde, la porción que necesitas hacer para crear el futuro que quieres en tu vida. ¡Manipula tu mente de manera creativa!

El principio de la fe

Ten fe, pues esta agrada a Dios. Me encanta la historia de Pedro cuando salió de la barca y caminó hacia Jesús. Muchos se enfocan más en la parte de la historia que dice que por haber dejado de ver a Jesús a los ojos, se hundió... Yo en cambio prefiero ver la parte positiva.

Primero, Pedro ha sido el único hombre sobre la tierra, aparte de Jesús, que ha caminado sobre las aguas; ya con eso, me tiene ganada. Segundo, fue el único que se atrevió a salir de la barca. Recordemos que él no estaba solo, que en ella se encontraban los demás discípulos y que ellos también tuvieron la misma oportunidad.

¿Te puedes imaginar todo lo que habría pasado por su mente en ese momento? Él tuvo que manipular su mente de manera sorprendente para poder creer que podía caminar sobre las aguas. En tercer lugar, Pedro debía tener muchísima fe para cuando saliera de la barca, de modo que lo que estaba visualizando sucediera. Además, tuvo que activar su fe, su mente y su pasión; cada una de las células de su cuerpo tuvo que estar de acuerdo en el momento en que él puso el primer pie fuera de la barca... Sí, es verdad, Jesús estaba esperando por él; sin embargo, Pedro primero tuvo que tomar la decisión en su mente y después dejarse guiar por su fe, que a juzgar por los resultados fue impresionante.

Así que te pido que tengas DECISIÓN, y que todo en ti esté en «acuerdo» para salir de la barca en la que te encuentras, para ir a una mejor. Lo que veo muy a menudo es que en muchas ocasiones tu espíritu te dice: *Vamos, sí se puede.* Pero tu mente te traiciona, y la batalla entre tus dos oídos es tan devastadora que hay personas que nunca llegan a mover un dedo por muchas razones, entre ellas el miedo a equivocarse, el miedo a fracasar, el miedo a perder lo que tienen. Pero si realmente les «rascamos» un poquito más adentro es el miedo a ya no ser amados o aceptados por los seres que ellos aman. Al ver el fracaso con una connotación negativa, no se permiten moverse o salir de donde están y buscar mejores alternativas. Y eso está muy relacionado con su nivel de conexión en todas las áreas internas de su vida. Tal vez su espíritu tiene fe para decir: VAMOS, pero su mente de contexto pequeño ni siquiera puede tomar la opción de que eso pudiera ser, o sus emociones tan profundas, llenas de miedo, los detengan por completo. Pero a Pedro nada de esto le pasó... Él alineó todo su ser interno y caminó sobre las aguas.

Yo he visto a muchas personas salir del hoyo de las deudas y de la pobreza, con fe, determinación y visión. Estas son personas que, sin tener nada en sus bolsillos, un día decidieron salir de la barca de la pobreza, de las deudas, de la postergación y la manipulación engañosa para cambiarse a una manipulación creativa, en la que se permitieron visualizar lo que sucedería si tan solo lograran salir de esa barca de destrucción. Y sé que la mayoría de nosotros usamos la palabra *manipulación* con una connotación negativa; tal vez cuando lees esto, tu mente rechaza esta idea, entonces este es el mejor momento para empezar a practicar el que TÚ controles tu mente, y no tu mente te controle a ti. Nos perdemos de muchas cosas en la vida, porque de chicos «pegamos» una etiqueta negativa a ciertas cosas, ya sea porque tuvimos una mala experiencia, o alguien muy cercano a nosotros la tuvo y nos «regaló» la etiqueta, sin que nosotros llegáramos nunca a experimentar lo que nos estaban diciendo acerca de la situación en discusión o la persona. Sin embargo, hay otros que conscientes de que la renovación de la mente debe ser diaria, se permiten cuestionar esos pensamientos o etiquetas y se dan la oportunidad de hacer cosas contrarias a las ideas arraigadas que tienen.

Yo misma soy testimonio de ello. Y si yo, que no tenía ninguna oportunidad, pude lograrlo, sé que tú también lo podrás hacer. Cree en ti, ¡cree en que la hora de salir de la barca ha llegado! ¡Jesús te está esperando en las aguas! No pienses en lo que va a pasar, porque cuando sales de la barca no hay marcha atrás. Te subirás en otra barca que te llevará a otro nivel de vida, y así irás creando tu futuro tal y como lo deseas. Solo es cuestión de que decidas que la barca en la que estás hoy ya no es para ti, que ya no cabes ahí, porque apesta, hiede, la odias. Esta barca representa un área de tu vida en la que sabes que ya no puedes estar más tiempo, que tú reconoces que si continúas ahí te carcomerá por dentro y nunca alcanzarás tus sueños, y todo por no tener la valentía y la fe como para decir: BASTA. Así que saca toda la pasión de tu corazón, por ti primeramente, luego por tu familia, pero, sobre todo, por la persona en la que te puedes convertir en el camino, por esa persona que todos los demás necesitamos conocer porque sus experiencias nos servirán de aliento también a nosotros, como un ejemplo para salir de nuestras barcas y aventarnos a los mares de la abundancia.

La persuasión creativa

Hay un concepto que me gusta mucho, es el de *las proyecciones*. Cuando alguien aprende a trabajar con proyecciones, puede aprender también a crear el futuro en el presente. Podríamos decir que es una forma de «persuasión creativa»; es decir, «manipular» lo que aún no tienes para empezar a crearlo desde ese instante, desde el momento en que decides que tú puedes crear, modificar, transformar y hasta cambiar tu futuro.

Yo aprendí a hacer proyecciones desde muy joven, debido a que durante mi tiempo en la universidad me vi en la necesidad de estudiar y trabajar a la vez. Así que todo el tiempo tenía que estar haciendo manipulaciones creativas para forjarme un futuro más abundante que el que estaba viviendo. Cuando mi esposo se fue de la casa y decidimos divorciarnos a los veinticinco años de edad, me quedé con mis dos hijos: un niño de un año y una niña de una semana de nacida, tuve que enfrentar la situación con mucha determinación y creatividad.

Mi nuevo estilo de vida como mujer y madre separada me obligó a ser muy recursiva. Recuerdo que había quincenas con las que pagaba la guardería, compraba pañales, leche, y cualquier cosa que mis hijos necesitaran; algunas veces solo me quedaba con lo suficiente para comprar quince latas de atún, y me iba comiendo una por día hasta que llegaba la siguiente quincena, podía percibir dinero nuevamente y tal vez darme un lujito extra hasta entonces.

En ese tiempo, desarrollé lo que suelo llamar *persuasión creativa* o *manipulación visionaria*; es decir, me convencía a mí misma, repitiéndome una y otra vez: *Imagínate cómo estarás en algunos años, tu refrigerador estará lleno de comida, sin problemas financieros.* En fin, manipulaba mi mente creando historias en un futuro donde yo era la protagonista, y en el cual mi situación financiera era totalmente diferente a la que vivía en ese momento.

Después, todas esas ideas las llevaba al papel, las escribía y luego hacía un plan de acción acerca de cómo iba a experimentar en algunos años, una historia diferente a la que estaba viviendo con mis dos bebés.

Con gratificación puedo decirte que todavía sigo manipulando mis pensamientos para crear y para visionar, y puedo asegurarte que he podido cambiar muchas áreas de mi vida; por supuesto, con la ayuda del ser que más he amado y que me enseñó hace diecisiete años que yo podía ser una mujer de éxito.

Me refiero a Jesús, que con su amor me ayudó a salir adelante y encontrar al otro amor de mi vida, mi esposo Trent. Juntos hemos construido un matrimonio sólido del que cada día me siento más orgullosa, sobre todo por nuestros hijos, cuatro chicos preciosos. Ellos han ido creciendo con la certeza de que han nacido para ser exitosos, porque les hemos enseñado que ellos pueden crear las finanzas y que su éxito personal no depende de nadie más que de ellos mismos y de la manera en que proyecten su vida y desarrollen con creatividad su mente.

La manipulación engañosa, en cambio, te mantendrá en el cuarto oscuro del estancamiento, diciéndote que eso es todo lo que te mereces, que no tienes nada más por hacer, que la vida es tal cual la ves. Como resultado te sentirás rendido, agotado, frustrado, estresado y decepcionado. De modo que si en este momento albergas en tu corazón o en tu mente cualquiera de estos sentimientos, te recomiendo que ¡despiertes!, porque ¡estás en el cuarto oscuro de la manipulación engañosa!

No estás sola

Afuera existe un mundo lleno de promesas y retos para ti. Es posible que haya tropiezos, caídas y llanto, pero al menos los vivirás con gente que al igual que tú, está buscando crear un futuro mejor, y no en la soledad de un cuarto oscuro donde lo único emocionante que podría suceder es que te sientas cada día más perdida y más hundida. Bríndate la oportunidad de crear un mejor mañana, y dame la oportunidad de ayudarte y de ayudarme; porque cuando le damos la mano a alguien para salir del cuarto oscuro, lo que realmente estamos haciendo es darnos la mano a nosotros mismos para no volver a entrar al lugar en el que estuvimos en algún momento.

Con este capítulo, terminamos la primera parte de tu transformación. No obstante, de nada me serviría ayudarte a tener una abundante cuenta bancaria si por dentro continúas en la angustia y el quebranto. Creo firmemente que para poder ser mujeres y hombres de éxito, es menester empezar primero por la belleza interna, por procurar estar sanos por dentro. Cuando empiezas a comer de forma saludable, tu piel cambia, adelgazas, te sientes mejor contigo mismo; y si el cambio es perdurable, tu salud mejora y tu rendimiento en todos los niveles también. Esto ocurre como resultado de dejar de comer porquerías, e ingerir más agua y hacer más ejercicio físico.

Ese mismo principio lo podemos aplicar al alma y al espíritu. Si te alimentas de cosas positivas, con visión, con fe, con amor; si tomas garrafas de bienestar de la Palabra de Dios que limpia y purifica; y a todo esto le añades el actuar, el ejercitar estos nuevos pensamientos con pasión; entonces todo alrededor tuyo empezará a cambiar también.

No obstante, la persona que generó estos cambios fuiste tú y nadie más. Por ende, los resultados que anhelas en tu vida también dependen solo de ti. No de tu esposo o esposa, ni de la empresa, ni de tus hijos, ni de tu madre, ni de tu socio, dependen solo de ti. De manera que si te vas a mentir, al menos miéntete con algo que valga la pena y con algo que te ayude a crecer; mejor aun, persuádete de forma creativa de que puedes ser mucho más de lo que has soñado, y ¿quién sabe?, quizá entonces escuches la voz de Jesús invitándote a caminar sobre las aguas.

Decídete hoy a cambiar tu dieta del alma, del espíritu y de la mente, y verás cómo empiezas a verte mejor por fuera.

4

¿Dónde estoy parada?

Ahora sí seguimos con la parte interesante. Me refiero a la necesidad de saber dónde estás parada.

Para comenzar, déjame hacerte una pregunta: cuando quieres ir a un lugar específico, ¿qué es lo primero que debes saber? ¡Por supuesto!, saber dónde estás, ¿no es cierto? Lo primero que necesitas saber es de dónde vas a salir. He aquí algo curioso que nos sucede con frecuencia en este sentido.

Me encuentro con una persona que viene a mí para que la ayude a avanzar al siguiente nivel de su vida. Lo primero que le pido es que me diga en dónde cree que se encuentra en ese momento, qué es lo que no le gusta de su vida y qué quiere cambiar. Entonces de manera casi mecánica ella empieza a darme toda clase de justificaciones de por qué no está en el lugar que desea. Esto es muy natural en el ser humano, ya que estamos más acostumbrados a dar excusas que resultados. Los seres humanos creamos historias para así no tener que ver hacia adentro de nosotros. Las excusas nos ayudan a enfocarnos en lo externo; los resultados nos dirigen de manera inevitable hacia lo interno.

Normalmente detengo la plática y vuelvo a hacerle la misma pregunta: «Está bien, pero ¿dónde te encuentras ahora?». Entonces ella empieza a darme una serie de explicaciones que en realidad no vienen al caso, cosas como que si su pareja, que si la prima, que si su jefe, el clima o la menstruación tienen la culpa, etc. Así que me instalo en mi carácter «me pongo muy Ana», y de manera más enérgica le pregunto: «Pero bueno, ¿para qué viniste aquí? Si solo viniste para platicarme de tus dramas, me hubieses invitado a un café por lo menos y entonces compartíamos nuestros pesares. Pero ni me voy tomar un café contigo, y tampoco creo que tú vinieras aquí a llorar tus tragedias. Dime si sabes realmente dónde te hallas ahora, si lo odias o lo detestas de verdad, y si quieres cambiar de manera definitiva. Si no lo defines, lo que sucederá es que seguirás cayendo en el pozo oscuro y sin fondo de la desesperación».

Con mi pregunta comienza lo real. La persona me dice: «No soporto lo que soy en este momento. No tengo una relación con Dios, mis hijos están en las drogas. Mi pareja ya no me ama, yo misma tampoco me amo. No tengo ahorros, el trabajo que tengo me deprime. Realmente ya no sé ni quién soy».

Reconocer la situación

Sé que a veces resulta difícil reconocer en dónde nos encontramos, porque el hacerlo representa aceptar que hemos fracasado y que no pudimos lograr lo que tanto queríamos. Aun así, reconocer nuestro verdadero estado es una señal positiva que nos indica que sí podemos cambiar. Lo que se puede reconocer, se puede cambiar. También nos plantea de frente las cosas que necesitamos mejorar o modificar en nuestro comportamiento. Si estamos dispuestos a reconocer, aunque sea de manera remota, que quizá nuestra pareja, nuestra mamá, nuestra hermana o nuestro mejor amigo tenía razón, entonces tenemos el ingrediente primario para generar un cambio de visión y de actitud frente a nuestra propia miseria.

Sin embargo, muchas veces vamos por la vida peleando a capa y espada para tratar de justificar que estamos en lo correcto. Pensamos que si aceptamos que no tenemos la razón, perdemos poder y la aceptación de los demás (o al menos eso es lo que pensamos, porque así nos enseñaron desde pequeños).

Y es que cuando hacemos el acto de reconocer donde estamos, inmediatamente creamos la idea de que donde estamos es algo incorrecto, aunque es solo la realidad, ni buena ni mala. El problema es que hemos creído que cualquier cosa que sea diferente a lo que pensamos, nos hace creer que lo que hemos hecho ha estado incorrecto, cuando en realidad, solo ha sido la respuesta a una situación vivida.

Existe algo que debes saber. No te preocupes porque voy a enseñarte que no tener la razón, en muchísimas ocasiones no es lo más importante. Lo que en realidad importa es conocer cuál es la forma correcta para solucionar los desfases que nos están estancando en la vida.

Sin embargo, muchas personas preferimos aferrarnos a la idea de creer que estamos en lo correcto, aun cuando no lo estemos, en lugar de ser felices o libres en lo financiero, tener un buen matrimonio o salvar una amistad. Es triste, pero nos educaron con tanto empeño en la idea de que debemos estar en lo correcto, que no aceptamos que tal vez alguien más en este planeta pueda tener una manera más práctica, efectiva o productiva de hacer las cosas que la nuestra.

Un caso muy típico ocurre cuando algunas personas me dicen que quieren ganar más dinero. Eso me parece bien, algo bastante respetable. Yo también quiero ganar más dinero. Luego, cuando les pregunto de forma más directa cuánto ganan ahora, me contestan: «Poco». «Ajá, y ¿cuánto es poco?», vuelvo a preguntarles. «¡Pues poco!», contestan ya un poco molestas. «No me sirve. Necesito saber de dónde vamos a partir, es importante que me permita saber cuánto es poco», insisto.

Casi siempre empiezan a darme las razones de por qué aceptaron el trabajo en el que están y en el que ganan «poco».

La dinámica en la mayoría de los casos parece ser la misma. Lo primero que intentamos hacer es justificar la razón de estar en el lugar en el que nos encontramos. Así, no nos sentimos tan mal e incluso podemos crear un colchón en el cual amortiguar el fuerte golpe que recibiremos al percatarnos de que son solo insensateces. Entonces, al momento de caer, nos justificamos, nos levantamos, sacudimos nuestras ropas y nos decimos: ¿*Ves? Esas eran las razones por las que estaba en esa posición.* Vemos el colchón y enseguida nos justificamos, ya que así tenemos una nueva excusa para continuar asegurando que tenemos la razón. Después de justificar por qué sigue en ese trabajo, al final la persona me dice: «Bueno, gano tres pesos (por decir algo)». «¿Y cuánto quisieras ganar? ¿Cuál es tu meta?», interrogo. «¡Pues más!», me responden, como si pensaran que yo sé cuánto merecen ganar. «¡Lo que gano es una miseria!».

Como dije desde el principio, en realidad estas reuniones me hacen crecer más a mí misma. Por eso insisto en preguntar, ahora variando un poco la forma y también el tono de esta: «¿Podrías ahora hacerme una lista de todos tus gastos, de las cantidades que te gustaría ahorrar y para qué sería ese ahorro?». La mayoría de las personas se sienten consternadas, les parece que mis palabras no tienen nada que ver con las decisiones financieras que necesitan tomar.

Sin embargo, lo primero que ocurre al hacer esto es que pronto se dan cuenta de que tal vez sí están ganando suficiente dinero, y que el problema radica solo en que no se están dando cuenta de la manera en que lo están gastando. Lo segundo que descubren es que están despilfarrando el dinero en cosas que tal vez no necesitan; o bien, que en verdad ganan muy poco y que necesitan hacer algo para mejorar la situación. Cualquiera que sea el resultado, lo primero que la persona necesita hacer es reconocer lo siguiente: hasta ese instante, lo que tiene es el resultado de sus decisiones acertadas o erradas. Esto, por supuesto, toma tiempo.

Hay algunos que después de hacer este ejercicio comienzan a decir: «Es que tú no conoces mi historia». A lo que yo contesto: «Tienes razón, no la conozco; pero tus números me dan una idea muy clara de ella».

En realidad, las historias de las personas solo me sirven para saber qué dones y talentos tienen. Por otro lado, ayudan para crear trampolines que los hagan saltar al siguiente nivel, haciéndolos reconocer que si ya pasaron por esa etapa, es el momento perfecto para dejarla atrás y seguir adelante.

La cuestión es que si sigues pensando que aquello que te sucedió continúa rigiendo tu presente, entonces así será. Mientras más te aferres al pasado, este seguirá determinando aun más tu futuro y los frutos que vas a cosechar. Por esta razón, tienes que tomar la decisión de dejar de aferrarte a lo que piensas que es correcto, dejar de justificar tu presente y decidir de una buena vez empezar a cambiar y transformar el futuro.

Déjame decirte algo más. Estás en el lugar donde te encuentras porque crees que eso es lo que vales y porque así lo has aceptado. No existe nada a tu alrededor que tenga tanto poder como para obligarte a hacer lo que no quieres. Eso solo lo podemos aplicar a niños que todavía no tienen poder de decisión, aquellos que son presa fácil del abuso, o que por su vulnerabilidad no poseen la opción de tomar sus propias decisiones. Pero tú eres una persona completa, con una mente para decidir y una voluntad para determinar. Así que toma control de tu vida y decide de una vez por todas dejar las justificaciones. Acepta que tu punto de partida es aquí donde tú mismo te has puesto. Luego de reconocer en dónde estás, toma tu responsabilidad y decide hacer el mapa del destino hacia el que quieres enfocar tus potenciales.

Para esto te invito a que hagas el siguiente ejercicio:

Imagina que te encuentras en la ciudad de Monterrey, México, y quieres viajar a Phoenix, Arizona. Todo el mundo sabe que estás en Monterrey, de modo que vas al aeropuerto y preguntas: «Disculpe, ¿cómo puedo llegar a Phoenix?». La persona de los boletos te dice: «El precio del boleto Monterrey a Phoenix es de cuatrocientos dólares». Tú te molestas y le respondes: «No, no entiendes. Yo no estoy en Monterrey, sino en San Antonio, Texas, por eso el costo debe ser menor». La vendedora te contesta: «¡Ah! Usted va a llegar hasta San Antonio primero y de ahí quiere su vuelo, ¿verdad?». Tú la observas con una expresión en tu rostro que dice: *No sé cómo puede trabajar aquí esta mujer*, después de pensar lo anterior, y de tu expresión, obviamente clara para ella, prosigues: «No, a ver ¿qué parte no entiendes? Ahora mismo estoy en San Antonio y necesito un boleto de aquí a Phoenix».

Estoy segura de que en este momento estás pensando: *¡Qué ejemplo más ilógico!* Pues créeme, la mayoría de nosotros nos comportamos así. Para empezar, no sabemos ni siquiera dónde estamos; nos empeñamos en creer que estamos en otro lugar, y luego cuando la gente te dice: «¿No lo ves?», te enojas demasiado. Los consideras lentos de aprendizaje y te dedicas a reunir todas las «pruebas» que confirmen que tienes la razón. ¡Tú estás en San Antonio! No sabes ni entiendes cómo es que ellos no te ven ahí.

Ahora bien, la vendedora de boletos te puede vender el boleto de San Antonio a Phoenix. Te puedes sentar a esperar el avión, pero este nunca será anunciado. Esperarás y esperarás hasta la frustración. En consecuencia, regresarás a la inocente vendedora de los boletos y le gritarás, le preguntarás por qué razón te vendió un boleto que no te servía. No obstante, lo único cierto es que tú misma has provocado esta situación al no aceptar en dónde te encuentras.

¿Queda claro por qué necesitas saber dónde estás? Mientras no lo sepas, no podrás hacer un mapa que te señale la ruta hacia tu destino añorado. Llámalo como quieras: un negocio, un fondo de retiro, un ahorro, la libertad financiera; etc. Este libro no es para enseñarte algo solo con relación al dinero, es para que sepas quién eres tú con respecto al dinero, para que comprendas que tú eres quien tiene el control de tu vida. Todos estos conceptos te ayudarán en muchas áreas, pues se trata de principios universales. Por ese motivo, quiero que aprendas a amarte de manera integral. El éxito en las finanzas depende mucho de la percepción que tengas de tu propia vida en relación con tu entorno.

Antes de continuar, te propongo el siguiente ejercicio.

Busca una hoja en limpio, lápiz y luego escribe lo siguiente: especifica todas tus entradas de dinero. Clasifícalas. Pueden ser: sueldo, pensión, negocios, rentas, etc. Escribe todo lo que te represente entradas económicas, luego súmalo y subraya esos números con letras grandes.

Después, repite el mismo proceso pero a la inversa, es decir, con tus egresos. Escribe todo lo que debes de tu casa (la cantidad total), lo que debes de las tarjetas (la cantidad total, no solo el pago mensual), y todos los demás gastos como: escuela, luz, agua, todo lo que normalmente necesitas para vivir. Súmalo, después escribe el total en números grandes, y remárcalos. Ahora que ya has hecho esto, quiero que subrayes todo lo que paga un interés, como tu hipoteca, préstamos, auto, muebles, tarjetas de crédito, todo. Eso es lo que debes, lo que has pedido prestado y que NO TENÍAS dinero para pagar. Ahí es donde te encuentras en tus deudas.

Después de esto, en una tercera lista escribe dónde te gustaría estar. Por ejemplo:

- Tener una cuenta de ahorros de trescientos mil dólares.
- Mis hipotecas liquidadas (monto de lo que debes).
- Mis autos liquidados (monto de los autos).

Y así sucesivamente. No pienses si se puede lograr o no, solo escríbelo. No te preocupes por nada. Más adelante te enseñaré una fórmula poderosa que podrás utilizar para llegar a tus objetivos.

Toma tu lista que describe dónde te encuentras ahora, revísala de nuevo, y después, justo al frente de tu lista, en la misma hoja, haz una lista paralela de todas las actitudes y hábitos que te han llevado al lugar donde te encuentras en este momento. Quizá debas escribir cosas como: indecisión, poca educación financiera, gastos innecesarios, temores, es decir, todo lo que creas que te ha llevado a donde te encuentras. Tal vez existan actitudes que sean positivas, como: arriesgado, confiado, ahorrativo. No importa lo que sea, escríbelo.

Es importante reconocer las cosas buenas y malas para así saber qué puntos debes mantener y qué aspectos tendrás que cambiar. Lo importante es ser transparente contigo mismo, para que de esa manera puedas convertirte en una persona de una sola pieza.

Aunque parezca que tu situación financiera es la peor de todo el planeta e incluso del universo entero, quiero decirte que todo tiene solución. Recuerda que la muerte es la única capaz de detener a alguien cuando quiere conquistar su futuro. Sin embargo, tendrás que esforzarte y ser muy valiente, ya que tus fantasmas, tus dudas y tus frustraciones siempre intentarán levantarse con furia contra ti y contra cualquier cosa que signifique cambio en tu vida. Espero que este ejercicio te ayude para evaluarte de manera eficaz y para saber en qué te quieres convertir. También es una buena herramienta para reconocer cuando te estás autosaboteando o persuadiendo de forma negativa para seguir estancado en el mismo lugar.

Asume tu responsabilidad

Es importante que reconozcas que ya no mereces eso. Has logrado llegar hasta este punto y te felicito por ello. En el mundo hay muchas personas que no son felices porque simplemente tienen miedo de mirar hacia adentro y descubrir que esos monstruos que tanto temen, los han creado ellas mismas. Siempre resulta más fácil culpar a alguien más, que asumir responsabilidad por la situación. Pero tú eres diferente; tú has decidido cambiar tu rumbo y hacer la diferencia en tu ciudad, en tu familia. Créeme, necesitamos más mujeres como tú, que sean valientes y se valoren con firmeza.

Tal vez no lo hayas notado, pero estoy casi segura de que aun antes de que adquirieras este libro, ya habías decidido transformarte. Por eso te admiro y te felicito. Al escribir estas líneas, me pregunto cómo serás: blanca, morena, cabello largo o corto.

Me pregunto de qué color serán tus ojos, o si algún día te conoceré. No lo sé a ciencia cierta. Lo único que sé con certeza es que tu espíritu está listo para crecer y por eso me siento orgullosa, tanto de ti como de mí. De ti, por el valor para aceptar y anhelar el cambio; y de mí, por el hecho de poder ayudarte a través de este libro.

Por eso también me siento motivada para pedirte un favor. ¿Lo harías? Si encuentras que este libro te ayuda en algo, aun en lo más mínimo, ¿podrías enviarme un correo electrónico? Al final encontrarás la dirección electrónica donde me puedes narrar tu experiencia. En realidad me interesa saberlo porque esa es mi gasolina para seguir adelante, lo que mueve el motor de mi pasión y motivación. Además, tu testimonio es lo que me ayuda a justificar las horas de trabajo, las noches de desvelo, las correcciones y el estudio cuidadoso. Así que solo tómate un poquito de tu tiempo y escríbeme para decirme en qué te ayudó este libro o qué esperabas de él.

Creo que a partir de este momento ya sabes dónde estás parada. También espero que sepas hacia dónde quieres ir. Aunque no lo creas, esto es un logro enorme. Ya no tienes justificación, es hora de hacer un plan y ponerlo en acción.

Tú, y nadie más que tú, puede cambiar tu vida. Describe lo que te puede dar un fruto abundante en el futuro. Es cierto que tu destino parte del lugar en donde empiezas, pero este no determina hasta dónde puedes llegar. Solo tú, con tu dedicación, esfuerzo, fe y fortaleza decides cuál es tu parada final.

5

Las palabras NO se las lleva el viento

Muchas veces, cuando escucho que las personas dicen: «Es que así me tocó vivir; soy una tonta. No sirvo para ahorrar; las ventas no son para mí», me entristece y entonces me pregunto si realmente sabrán que las palabras NO se las lleva el viento. De hecho, no se van a ninguna parte: se anidan, se guardan, echan raíces en la mente, en el corazón y en el alma. Cuando menos lo imaginamos, ya estamos viviendo la situación que hemos venido declarando.

El poder de las palabras

Déjame explicarte un poco acerca del poder de las palabras con una historia.

Siempre me ha llamado la atención la manera en la que los judíos prosperan. Creo con certeza que son el pueblo escogido de Dios; pero además, creo que ellos tienen algo especial. Así que, leyendo acerca de sus hábitos, un día me encontré con lo siguiente: Ellos declaran prosperidad sobre sus hijos en todo momento. Preparan a cada uno de ellos para ser cabeza y no cola, para que realmente crean que son seres escogidos y vivan como tales, para entender que todas las bendiciones del cielo son para ellos, ¿y para quién más? me pregunto yo. ¡Sí, ellos son el pueblo de Dios!

Cada mañana antes de ir a la escuela, la madre toma a su hijo, le mira a los ojos y empieza a decirle lo especial que es: linaje de Dios, heredero de la tierra. Todo lo que pisa con las plantas de sus pies le pertenece en cuanto lo reclama para él, ya que es un niño escogido, no por sus padres, sino por Dios.

Imagina la escena. Cuando el niño sale de su casa con esa declaración en su corazón y en su mente, la misma que ha escuchado día tras día desde su nacimiento, sabe que su madre no se lo dijo solo porque no tenía nada más que hacer o porque estaba de buen humor. Él sabe que ella lo cree con todo su corazón y espera que él también lo crea y actúe como tal.

Si a este niño alguien le dice que no es muy inteligente, y ni siquiera lo toma en cuenta, qué importa que no sea muy inteligente, ¡tiene la tierra por heredad!

Ahora cambiemos la escena. Hablemos de un niño con una madre frustrada. Su padre lo abandonó, era infiel a su madre y ella no lo sabe. El dinero no le alcanza a su mamá siquiera para cubrir los gastos básicos de la familia. A esto, hay que agregar que de pequeña, ella fue maltratada y vivió en pobreza, no solo económica, sino también de espíritu y de alma. En consecuencia, nunca recibió una palabra de aliento ni un reconocimiento por su trabajo y su esfuerzo. Al contrario, todo el tiempo le dijeron que era una inútil y buena para nada.

La situación con su esposo solo refuerza lo que siempre le han dicho: que es una fracasada. Todo lo que está a su alrededor lo confirma, tampoco ha sido capaz de hacer feliz a su esposo, padre de sus hijos.

¿Qué es lo que tiene esta mujer para darle a su hijo? Frustración, rabia, baja autoestima, mentalidad limitada y de escasez.

La verdad es que no podemos reproducir algo que no somos. Este niño, en cambio, cuando vaya a la escuela y le digan que no es muy inteligente, de forma automática pensará que es cierto. A fin de cuentas, así es como su mamá le dice todo el tiempo. Su papá ni siquiera lo ama, ha dejado la casa y no ha sabido más de él. Todo esto produce en su corazón una fuerte sensación de culpa. Este pequeño cree que ha hecho algo malo, porque de otro modo ¿por qué papi se habría ido? No, queridas amigas. Las palabras NO se las lleva el viento. Por el contrario, se quedan arraigadas, anidadas; echan raíces con gran facilidad y mucho más cuando son negativas, pues se reproducen como hierba mala.

Hay quienes piensan que la vida y las circunstancias los han moldeado así y no queda nada más que hacer sino aceptarlo. Piensan que no existe más opción para cambiar, pero yo quiero hacerte una pregunta: cuando tienes un jardín y crece hierba, ¿cuáles son las plantas que no deseas conservar?, ¿qué haces entonces? Dices: «Que lástima, ya salió la hierba mala, tendré que aprender a vivir con ella». ¿O la miras y enseguida vas y la arrancas de raíz? Tal vez vuelva a salir (¿recuerdas que mencioné que los pensamientos siempre regresan a pelear para que no los saques de tu cabeza? Ahí han estado por mucho tiempo y quieren asegurarse de que tú creas que no puedes vivir sin ellos, que eso que te dicen es lo que tú eres), pero tu actitud siempre debe ser: ¡Ya volvió a salir! ¡Hay que volver a arrancarla! Lo mismo ocurre con las palabras y con los hábitos; hay que arrancarlos una y otra vez.

Han estado ahí por muchos años y no se marcharán con facilidad. Sin embargo, hay que seguir arrancándolos hasta que se pierda por completo su raíz y ya no puedan encontrar cabida en tu mente y tu corazón.

Está comprobado que el poder de la palabra es impresionante. Repetir de forma constante la verdad acerca de quién eres es tan poderoso que produce una transformación en tu pensamiento, el cual a su vez genera unos resultados visibles en la vida. Tú eres lo que llevas en tus pensamientos; eres lo que piensas y lo que hablas. Tu boca expresa la abundancia de tu corazón; por tanto, ¡no puedes hablar de algo que no tienes!

Cuando hagas una declaración, como lo explicamos en el capítulo uno, hazlo en primera persona. En otras palabras, comienza diciendo la palabra YO y siempre termina con una frase que indique el tiempo presente, por ejemplo: hoy, ahora, en este momento, etc.

Quién soy yo

Cada mañana cuando estoy en oración, le pido a Dios que me dé gracia ese día con las personas con quienes hablaré. Le pido que ponga las palabras correctas en mi boca en ese mismo momento, que me dé sabiduría en ese instante y que me ayude a acercarme un poco más a la mujer que él soñó que yo sería.

Escribí un documento titulado «Quién soy yo», y en esa hoja tengo todas las declaraciones de lo que quiero llegar a ser en el decursar de mi vida en todas las áreas: como hija de Dios, como esposa, madre, ciudadana, mujer de negocios; también el tamaño de mi casa, cuánto quiero ganar, cuántas horas quiero trabajar, absolutamente todo.

Entonces, cuando las cosas no salen bien, voy y me siento a leer mi documento. A veces no puedo hacerlo porque lo que está escrito en él es lo opuesto a la realidad que estoy viviendo en ese terrible momento. Muchas veces leo esta hoja con lágrimas en mis ojos, pensando en que lo escrito en ella ya está declarado y algún día sucederá. Me emociona saber hacia dónde voy. En otras ocasiones también lloro porque todo está saliendo al revés. Entonces la leo para recordar que mis declaraciones están ahí esperándome; solo que necesito convertirme, transformarme para poder llegar ahí.

Cuando no tenía ni para comer, cuando mi alimento era una lata de atún al día, lloraba y leía mi hoja de metas. Mis lágrimas fluían aun más solo con pensar que mi realidad en ese momento estaba muy distante de lo que leía. Puedo decirte que muchos de los sueños que he escrito a lo largo de mi vida ya los conseguí, ya los viví. Cuando menos lo espero, el fruto de lo que he sembrado llega hasta mí y puedo disfrutarlo, después de haberme esforzado tanto. Todo tiene su tiempo; si lo siembras y esperas con la convicción de que llegará. Si nunca lo haces, jamás lo cosecharás. El primer lugar donde se debe sembrar es en tu mente y en tu corazón; Dios no te da sueños que no seas capaz de alcanzar. Él cree en ti como nadie en el mundo lo podrá hacer porque fue quien te creó y quien te ama por encima de todo; por consiguiente, todos los días está esperando que des el primer paso sobre la vereda que él ya tiene preparada para que logres las bendiciones que ha declarado sobre ti. Las palabras tienen vida y carácter propio.

Usa el poder de las palabras

Vida o muerte es lo que emana de las palabras. Puedes usarlas para dar motivación o para desmotivar; para crear prosperidad o escasez, vida o muerte. Tú decides; cada vez que abres la boca, puedes ser bendición o maldición. Existe algo que no puedes hacer: no puedes hablar de lo que no tienes; tu boca solo hablará de la abundancia de tu corazón, ¿qué es lo que guardas en él? Por eso es tan importante que hagas todo lo que te enseñé al principio. Si tienes pobreza, escasez, envidia en tu corazón, tal vez porque fue lo que te enseñaron, es inevitable que expreses y creas esas cosas en tu vida. No es que estés bien o mal, es solo que si quieres ser exitoso en las finanzas, debes tener los pensamientos correctos. Si quieres ser exitosa en tu matrimonio, debes creer que eso es posible; de otra manera, tú misma te estarás condenando a un divorcio. De igual manera, si piensas que no mereces tener dinero, ser dueña de un negocio o tener abundancia, lo más probable es que termines saboteándote a ti misma y volviendo a la escasez aun cuando te esfuerces demasiado. La clave es que limpies tu corazón y te deshagas de las mentiras que has creído. Debes llenarlo de las verdades de Dios para tu vida. Así, lo que hable tu boca será para bendición. Las palabras que emitas serán las bases para tu nuevo y anhelado futuro.

En uno de los talleres que imparto conocí a una persona muy inteligente que había tenido muchos negocios y había hecho mucho dinero. Él estaba en ese taller por una sencilla razón: no sabía por qué cada vez que hacía dinero y estaba en la cima del éxito, comenzaba a tomar decisiones erróneas y lo perdía todo. Sus pensamientos estaban tan ligados con sus palabras y estas con sus acciones que siempre caía en las mismas situaciones sin poder evitarlo.

Autosabotaje

Cada vez que él pensaba: «Ay no, ya todo marcha como debe ser. Con toda seguridad me va a suceder lo mismo que las otras veces: empezaré a perderlo todo». Casi de forma automática, abría la puerta de las malas decisiones y, ¡claro!, comenzaba a tomar decisiones incorrectas hasta que lo perdía todo.

Con los talleres, descubrió muchas cosas en su interior en las que poco a poco ha estado trabajando. Espero de todo corazón que siga transformándose hasta que logre mantener su éxito, tal como él desea.

Permanece alerta, pues tenemos que estar cuidando lo que hablamos y lo que pensamos. Solo así podremos cambiar las circunstancias. Recuerda siempre que lo que hablas es el reflejo de lo que llevas por dentro. Si lo reconoces, entonces puedes cambiarlo de raíz. Transforma tu manera de pensar y transformarás tu manera de hablar. Transforma tu manera de hablar y transformarás tus acciones. Transforma tus acciones y transformarás tus resultados. Transforma tus resultados y descubrirás que tú y solo tú tienes el poder para decidir tu destino y tu futuro. Dios ya te ha dotado con dones y talentos, ahora te corresponde a ti obtener el mayor provecho posible de ellos.

Conozco muchas personas que me dicen: «Quiero tener mi propio negocio, pero es que soy muy tonta», «Quiero aprender a manejar mis finanzas, pero no me gustan los números», «Quiero ser inversionista, pero me da miedo arriesgar mi dinero».

Cada vez que escucho declaraciones como estas, enseguida sé que no debo comenzar por ver su plan de negocios; más bien tengo que empezar revisando lo que guardan en su mente y en su corazón. Si no les ayudo a cambiar eso primero, todo el trabajo que haga será en balde, se sentirán frustradas y yo también. Algunas personas piensan que las finanzas no tienen nada que ver con nuestro yo interno; sin embargo, ambos están relacionados por completo. En el Centro de Entrenamiento Empresarial que fundé en Glendale (área metropolitana de Phoenix), Arizona, tenemos dos tipos de programas: el de negocios, en el que por supuesto enseñamos todo sobre cómo crear una empresa y cómo mantenerla. Sin embargo, parte del programa consiste en trabajar con la autoestima, el conocimiento interno, el cambio de paradigmas y mapas mentales. Estoy convencida de que si las mujeres con las que trabajamos tienen la autoestima correcta, se conocen a sí mismas, saben dónde están paradas, conocen la importancia de lo que hablan, tienen un mapa de vida concreto y se dejan entrenar, lograrán sus metas financieras y de negocios con mayor facilidad.

Por otro lado, tenemos también el programa general de desarrollo personal, en el cual las mujeres pueden tomar clases de danza, pintura, computación, comunicación en la pareja, etc. Ofrecemos de todo un poco, áreas que las hagan crecer en los diferentes aspectos de su vida. Trabajamos en esas áreas que muchas veces no consideramos importantes; sin embargo, cuando comenzamos a desarrollarlas, nos damos cuenta de que son vitales. Buscamos esos dones y talentos que han estado ahí guardados porque desconocíamos que tal vez nos pueden ayudar de formas increíbles en nuestra vida financiera, de negocios, familiar y personal.

Las mujeres tenemos que entender de manera muy profunda la siguiente verdad: no existimos solo como mujeres de negocios, mamás o esposas, hermanas, empleadas, etc. Somos el resultado de todo esto junto. Separarlo sería insensato, porque tú eres la misma persona en la calle, en la oficina o en la casa.

Por esta razón es muy importante entrenarte para que comprendas que tus palabras son espadas muy afiladas que debes aprender a manejar; de lo contrario, tú misma terminarás por lastimarte.

6

¿Cómo salgo de las deudas?

E ste tema es del que todo el mundo quiere leer; pero solo eso, leer. Lo sé porque cuando les doy la lista de todo lo que tienen que hacer para salir de las deudas, se asustan y regresan a sus hábitos y costumbres.

Yo misma he salido de deudas infinidad de veces y he vuelto a caer en ellas. Ahora ya estoy mucho más consciente de la realidad y por eso trabajo día a día para mejorar en esas áreas. Lo cierto es que de acuerdo con mi experiencia, existen dos tipos de deudas: las ignorantes y las creativas (deuda buena o deuda mala, según mi queridísimo amigo y mentor Robert Kiyosaki). Expliquemos:

Las deudas ignorantes son las que tienen la mayoría de las personas. Es decir, son aquellas deudas que se asumen por cosas que no les producirán ningún beneficio en su vida financiera. Para presentar un ejemplo claro de lo anterior, piensa en todo lo que has comprado que NO pone dinero en tu bolsa. La pantalla, el auto, tu casa, los muebles, el estéreo... Todos esos son PASIVOS, es decir no ponen dinero en tu cuenta de banco, y lo más probable es que además te quiten más dinero. Por decir, tienes tu pantalla de televisión, pero para verla tienes que pagar la luz, y tal vez contratar un servicio de televisión paga. Podemos también mencionar las deudas por tarjeta de crédito al límite. Las personas que por lo general han llevado la deuda de sus tarjetas hasta el tope, pagan un promedio entre diez y veintiocho por ciento de interés. Cuando por fin terminan de pagar lo que compraron, resulta que les costó el doble o triple, además de que cuando ya se haya liquidado, lo más probable es que el valor del producto comprado haya bajado, mínimo, un treinta por ciento del valor de compra.

Tengo que confesar que yo compraba así todo el tiempo. A pesar de que me gusta producir dinero, siempre estaba limpiando mis tarjetas y volviéndolas a usar. Era una especie de círculo vicioso. La cuestión es que esa no era una costumbre sana. Lo apropiado sería usar mejor ese dinero para producir más dividendos para tu vida. Además, las compras que yo hacía era de pasivos, puras cosas que no me daban más dinero. Ahora utilizo las tarjetas para CREAR, no para hacer hoyos de deudas de caprichos y momentos emocionales bajos, que terminan en deudas y que al final no llenaron el vacío interno con el que empecé. Porque la mayoría de las veces compraba para «sentirme mejor», pero no hay objeto que mejore la autoestima o que dé perdón. Por eso hay que trabajar tanto en nuestras emociones y carácter, para asegurarnos de que no estamos tratando de aliviar un tema emocional con deudas.

En fin, las deudas ignorantes son las que adquirimos sin saber siquiera cómo vamos a cubrirlas. Yo suelo decirle a mi esposo: «Si vas a usar la tarjeta, entonces vas a producir esa cantidad extra para pagarla, porque todo lo demás ya está destinado para algo». La mayoría de las personas usan las tarjetas y piensan que pagarán con lo que ya ganan; lo cual, por cierto, en la mayoría de los casos ya se debe también. Ese, claro está, no es un buen plan. Hay quienes usan las tarjetas de crédito o solicitan dinero a los amigos como si nunca en la vida tuvieran que volver a pagar. Con eso solo consiguen perder credibilidad, dañar su historial crediticio y sentirse más deprimidos. Y por otro lado, cuando no pagas una deuda, le estás diciendo a tu subconsciente que tu palabra no vale, que no eres capaz de producir ese dinero, y por último, tu autoestima baja y cada vez te llenas de más escasez en tu vida.

Pero, ¿por qué le llamo deuda ignorante? Porque hacemos las cosas de manera ignorante, como si no estuviéramos conscientes de la realidad. Y efectivamente, muchos de nosotros evadimos la realidad. Llegan los estados de cuenta de las tarjetas y muchos los botan o los «esconden» en algún lugar donde quedarán guardados por la eternidad, con tal de no ver lo que debemos. Tomamos decisiones sobre la base de muy poca información financiera, y al parecer cada día cavamos un pozo más y más hondo.

He conocido personas con muy buenas intenciones que terminaron dejando su casa porque compraron una que desde el principio no era la adecuada para sus finanzas. No contaban con un plan para producir más dinero, ni tenían un plan financiero personal o familiar. Aun así, se lanzaron en esa aventura comercial. Y la mayoría de ellas ni siquiera asumen la responsabilidad. Es decir, le echan la culpa al que les vendió la casa, al banco, al gobierno, bueno al que se les pare enfrente. No se dan cuenta de que solo en casos de fraude, ellos debieron haber previsto altas y bajas en «su» propia economía. El pago de tu casa no debe ser mayor que treinta y cinco por ciento de lo que generas. Y si quieres que sea más, tienes que producir más; el dinero no aparecerá de forma mágica.

La depresión y la deuda ignorante

Sé que miles de mujeres y hombres se encuentran en depresión, aturdidos por la sensación de que no podrán salir de la situación financiera en la que se encuentran. No obstante, debemos saber que siempre hay maneras para estar libres de la estrechez económica; solo hay que aprender a tomar decisiones acertadas, que impliquen más el futuro y menos las emociones. Esto que les estoy diciendo, yo misma tuve que aprenderlo a través de la misma experiencia personal. Entre el año 2000 y 2004 hice muchísimo dinero. La verdad es que no tenía ni idea de lo que era invertir de una manera inteligente, así que acabé despilfarrándolo todo. Me endeudaba, después usaba mis tarjetas como alguien que sabe lo que está haciendo. Pero en realidad, yo no sabía nada de cómo funcionaban las cosas.

Te voy a narrar cómo decidí aprender a usar las tarjetas de crédito. Esta experiencia fue muy estresante; sin embargo, la enseñanza que recibí de quien más amo no me dejó otra alternativa sino aprender a usarlas de la forma correcta.

En el año 2004, mi exesposo se quedó sin empleo. Vivíamos todavía en Monterrey, México; y a mí no me pareció un problema porque yo tenía mis empresas y me iba muy bien.

Descubrí algo que no había notado antes: hasta entonces, él era quien en realidad pagaba todo en la casa: la hipoteca, la luz, el agua, el teléfono, la comida, etc. Yo solo pagaba mis tarjetas, a veces el colegio de mis hijos y todo lo demás lo despilfarraba. Cuando empecé a cubrir todos los gastos, entendí que cada vez resultaba más complicado pagar las tarjetas. Antes de esa situación, ese pago no me parecía tan difícil.

Aquello comenzó a estresarme. Por si fuera poco, tres de mis clientes más fuertes cerraron sus plantas en México y se fueron a China. Además, mi exesposo, en un gesto de ayuda, decidió vender el flamante automóvil que yo le acababa de comprar en efectivo hacía apenas tres meses. Entonces, una persona que decía ser nuestro amigo, nos dijo que él nos lo compraría para ayudarnos. Así que nosotros le dimos las llaves y él nos dio un cheque por veintiún mil dólares. Hasta el día de hoy no hemos visto ni uno solo de esos dólares. Nos defraudaron. Eso trajo más y más estrés a mi mente; peleaba con mi exesposo, con mis empleados; en verdad estaba cavando un hoyo profundo y no sabía ni cómo. No hacía más que presenciar cómo día a día las deudas en las tarjetas seguían creciendo y no importaba cuándo abonara, al mes siguiente las deudas eran más grandes.

Por esa época, teníamos un automóvil pequeño que a lo sumo valdría en el mercado alrededor de unos cuatro mil quinientos dólares. Un día me dije: «Bueno, los bienes son para remediar los males», así que decidí poner el automóvil en venta. Yo debía en total cinco mil dólares a la tarjeta de crédito (solo una, gracias a Dios). Pensé: *Bien, si vendo el auto por cuatro mil quinientos dólares, yo puedo conseguir los otros quinientos y listo, me quito este dolor de cabeza de encima.*

De manera que al siguiente día, puse el auto en venta. Al poco tiempo vinieron unas tres personas. Miraban el carro, pero no se animaban. Y ya sabrás que mientras más gente venía a ver el auto y no cerraban el trato, yo me molestaba más, me frustraba, y mi tolerancia y fe estaban por los suelos. Esa noche (con la desesperación a flor de piel) hice un pacto con Dios, le dije: «Padre, al primero que venga mañana con deseos de comprar el carro se lo voy a vender». Así que ASEGÚRATE de que traiga cuatro mil quinientos dólares. Siempre hago este tipo de pactos con Dios. Y la verdad me funcionan muy bien, aunque normalmente, no lo hace exactamente como yo quiero, a mí solo me toca confiar, y ahora te platicaré por qué:

Al siguiente día, cuando llegué a mis oficinas a las siete y treinta de la mañana, me encontré con que me estaba esperando un joven para ver el automóvil. Lo vio, lo manejó un instante y lo examinó minuciosamente de un lado a otro. Luego me preguntó: «¿Cuánto cuesta?». Con mi sonrisa en la boca le dije: Cuatro mil quinientos dólares. No dijo nada. Solo siguió paseándose frente al carro. Era un jovencito que a mi parecer no tendría más de veintitrés años. Yo estaba tan ansiosa que quería brincarle encima de la desesperación. Lo único que quería escuchar era: «Aquí está el dinero, ¡muchas gracias!». Así que me acerqué y le dije: «¿Cuánto tienes? Lo que tengas en este momento está bien». A lo que él contesto: «No, es que no traigo mucho. Solo traigo lo de mis ahorros de trabajar en el verano».

Al oír sus palabras, ya no me agradó tanto la idea. Sin embargo, yo había hecho un pacto la noche antes, de modo que le pregunté: «¿Te gusta? ¿Lo quieres?». Y me dijo: «Sí». «Está bien», respondí. «Dime cuánto traes y el carro es tuyo; lo máximo que puedas, no importa». Un poco sorprendido, me dijo: «Pero es que solo tengo dos mil quinientos dólares. Le aseguro que es todo lo que tengo en el bolsillo. Incluso, no tendré para comer en toda la semana».

¡Oh, Dios mío! Se me resecó la garganta. Me retiré de donde él estaba. En ese momento, mi secretaria se encontraba en la recepción, la miré de reojo y le di las siguientes instrucciones: «Alejandra, arregla todo lo necesario con este muchacho, se va a llevar el auto». Ella me preguntó: «¿Por cuatro mil quinientos dólares?». Yo volteé a mirarla con una expresión que podría fulminarla, mis ojos llenos de rabia y a punto de llorar le dije: «No. Por dos mil quinientos solamente». Solo alcancé a escuchar un «peeeero...», mientras yo me apresuraba a subir las escaleras que conducían al segundo piso del edificio, donde se hallaba lo que yo llamaba mi cueva. A toda prisa entré a mi «cueva», que era una oficina muy grande donde cabía perfectamente una mesa de juntas para diez personas, y al fondo estaba mi baño particular hasta con regadera y jacuzzi (¡qué extravagante!, ¿verdad?). De modo que cerré la puerta y comencé a llorar, me puse a gemir de forma casi audible, y a pelear con Dios.

Claro, si yo ya había hecho un pacto con él, ¿cómo se atrevía a romperlo? ¡Yo necesitaba cuatro mil quinientos dólares para cubrir la deuda de la tarjeta! Bueno, por descuido la fui llenando hasta el tope. Sin embargo... —Dios, ¿acaso no funciona todo como una varita mágica?—. De repente, escuché que tocaron la puerta de mi oficina. Pregunté quién era; se trataba de mi secretaria. Le abrí, y ella me pidió que firmara los papeles para cederle el auto al joven. Ella solo me miró y me dijo: «El joven está muy contento, sé que le dará muy buen uso». ¡Eso a mí no me interesaba en lo más mínimo! Yo necesitaba el dinero para quitarme de encima a la empresa de la tarjeta de crédito.

¿Alguna vez te has sentido así como yo? Yo sé que sí. Muchas veces nos metemos en asuntos pensando que lo tenemos todo bajo control. Yo, por ejemplo, no sabía en realidad cómo manejar las finanzas de mi casa y por eso tomé muchas decisiones equivocadas. En estos tiempos hay que tener mucho cuidado con las tarjetas de crédito, los planes a largo plazo de pago, los «lléveselo ahora y pague dentro de doce meses» y cosas así. No son más que ficción si tú no cuentas con un plan de trabajo para producir los recursos que cubrirán esas deudas.

Las circunstancias en las que se encuentran la mayoría de las familias en Latinoamérica son difíciles. Tienen solo para sobrevivir día a día; sin embargo, eso se podría subsanar si hicieran un plan realista de vida y finanzas, y decidieran seguir hacia adelante sin importar los cambios requeridos en sus hábitos. Desgraciadamente, por idiosincrasia pensamos que la vida es así, y que no importa lo que hagamos no tendrá ningún impacto en nuestras finanzas.

No es fácil evitar las deudas ignorantes como en las que yo me encontraba. Para no caer en esa trampa, es necesario instruirse, querer cambiar e incluso, en muchas ocasiones, cambiar de amistades. Con Creadores tenemos clubes de educación financiera por todo México y ahora los estamos abriendo en países como Perú, Colombia, Venezuela, Chile, Argentina y muchos más.

Por cierto, ¿quieres saber cómo terminó la historia de la venta de mi auto? Bueno, firmé los papeles y le pedí a mi secretaria que hablara a la empresa de la tarjeta y les dijera que ese mismo día liquidaríamos todo lo que se debía, que nos dijeran cuánto era y nosotros efectuaríamos el pago. Recordar mis palabras ahora me causa gracia; yo sabía con toda certeza cuánto era lo que debía. No sé en qué estaba pensando cuando le pedí que llamara; tal vez solo necesitaba confirmar que la liquidación sucedería de una manera u otra.

Por un momento me senté en mi escritorio italiano, importado, que en aquel instante no me servía para nada. Mientras estaba ahí, mi exesposo llamó y yo le colgué el teléfono después de decirle que él tenía la culpa de todo. Luego, cuando traté de marcarle para pedirle disculpas por mi grosería, sentí que no podía hacerlo porque tenía tantas lágrimas en mis ojos que no podía ni ver los números en el teléfono. Solo le preguntaba a Dios: «¿Por qué no me mandaste cuatro mil quinientos dólares? ¡Tú lo sabes todo! ¡Tú sabes lo que necesito!». Así que mientras buscaba la manera de marcar los números se abrió la puerta de mi oficina.

Esta vez, mi secretaria entró con el mismo aire de libertad con el que entra a su propia casa, para decirme con voz de urgencia: «Licenciada, dicen los de la tarjeta que si hoy pagamos dos mil dólares ¡hoy mismo dan por liquidada la deuda! Así que aún le sobran quinientos dólares ¿Qué quiere hacer con ellos?». De inmediato colgué el teléfono y lloré aun más. Entonces, tomé las llaves de mi auto y me fui a casa. Lloré hasta desahogarme y mientras lo hacía, decidí que aprendería de finanzas, porque no podía desperdiciar esta oportunidad que Dios me estaba dando. Sí, él siempre supo que yo solo necesitaba dos mil dólares para liquidar mi deuda y hasta me dio quinientos de más. La cuestión es que todo eso me sucedió por utilizar las tarjetas de la manera menos adecuada, para comprar cosas que no me eran necesarias, con toda tranquilidad yo hubiera podido esperar y comprarlas después, o bien porque hice compras solo por emoción. A pesar de todo, fue una experiencia linda, porque al final, la persona que más amo en el mundo me dio una gran lección. Yo cumplí mi palabra ante el pacto que había hecho con él; y él, sin haberme dicho sí, también cumplió la suya.

Las deudas ignorantes son solo eso, ignorancia. No es que seas lo peor, pero si estás leyendo este libro y sabes que tienes deudas ignorantes, entonces comprendes también que debes elaborar un plan de trabajo que te permita salir de ellas. Más adelante te daré unos consejos de cómo puedes lograrlo.

Las deudas creativas

En segundo lugar tenemos las deudas creativas. Estas son de las que te quieres empapar y aprender cada día más y más. Estas deudas son en realidad inversiones. Por ejemplo, cuando decides comprar una casa que están rematando. Vamos a suponer que el pago mensual es de ochocientos dólares, pero tú puedes rentarla por mil. De esa forma, sin tener que mover un dedo, tu dinero está trabajando para ti. Aun cuando no desees levantarte por la mañana, el día de pago llegará, lo cubrirás sin problemas y recibirás docientos dólares extras. Este es el resultado de haber tomado decisiones con conocimiento. No obstante, la mayoría de las personas se asustan mucho y piensan que invertir es solo para los que ya tienen dinero y pueden correr riesgos, o para los que se graduaron de alguna carrera en el área de los negocios y las inversiones.

Para ser sincera, esto se aprende en la carrera de la vida. Solo sé precavida, rodéate de personas que tengan experiencia, sé humilde al aprender, acuérdate de que todas tenemos diferentes niveles de éxito y que todas tenemos algo que enseñar a los demás y también algo que aprender.

Yo misma, tengo más tarjetas de crédito que lo que tenía anteriormente (unas 10), pero las uso para CREAR activos, no pasivos. El activo es aquello en lo que inviertes y te regresa dinero. Por decir, yo me he apalancado muchísimas veces con las tarjetas para comprar activos, que me dan para pagar la tarjeta y además pusieron o ponen dinero en mi cuenta de banco. Cuando regresé a México, no tenía crédito en ningún lado, y lo que hice fue sacar dos tarjetas y de ahí trabajar con mi línea de crédito.

En una ocasión hice una compra de unos materiales con una tarjeta de crédito. Hice la compra exactamente un día después del corte, y con eso gané cuarenta y cinco días para pagar lo de los materiales. En ese tiempo me aseguré de tener una muy buena campaña para vender el producto, en los primeros treinta días vendimos lo suficiente para poder pagar la tarjeta, y así no pagué intereses.

Las tarjetas son líneas de crédito a las que podemos acceder rapidísimo. Cuídalas porque te pueden ayudar muchísimo a tener con qué hacer negocios cuando llegan como oportunidades. La mayoría de la gente no cuenta con flujo de efectivo que le permita acceder a oportunidades, y la mayoría no conecta las tarjetas como un instrumento para crear libertad financiera.

Pon en acción tu capacidad cerebral

Si ya te evaluaste y te diste cuenta de que estás en una deuda ignorante, entonces vamos a poner nuestra capacidad cerebral a trabajar para que salgas de ella. Lo primero que hay que hacer es entrenar tu mente de modo que tengas el conocimiento que requieres para que seas exitosa en esta área. Hay una estrategia que yo desarrollé para mí misma y que luego encontré en muchos otros lugares. Muchas veces, uno piensa que encontró el hilo negro o que descubrió lo redondo de la rueda, pero la verdad es que hay muchas cosas que ya están escritas, solo que por una u otra razón, no han llegado a nuestras vidas. Es posible que esto se deba a que el formato en el que se encuentran no es el más atractivo a nuestros ojos. Aun así, yo creo con firmeza que hay opciones en la vida para todo tipo de personas. Un día, una amiga me dijo lo siguiente: «No sabía que las cosas que yo hago para obtener los resultados que deseo en mi vida tenían una fórmula y ¡aun sin conocerla, la llevaba a cabo de forma natural!». Hoy, por cierto, ella es una de las presentadoras de televisión más famosas del mercado latino en Estados Unidos.

La fórmula que te voy a dar es sencilla, pero infalible. Así que para adentrarnos en el tema, te invito a que hagas una lista de todas tus deudas (ya la tenías del capítulo 4).

Supongamos que debes quinientos dólares a una «mueblería X».

Tu lista quedaría más o menos así:

-
-
-
-

Ahora con tu lista elaborada, la recomendación es la siguiente:

Se supone que a cada una de las deudas reseñadas le haces un pago mensual mínimo. Bien, para cubrir esos pagos yo te sugiero esto: sigue haciendo el pago mensual de manera normal, pero esfuérzate un poquito más. Busca entre tus posibilidades, limítate un poco más o produce un ingreso extra mensual que te permita abonar cien dólares, cincuenta o veinte al pago mensual. EXTRA.

Tú estableces el monto de acuerdo a la rapidez con la que quieras salir de las deudas ignorantes. Luego, a la deuda más pequeña, aplícale ese extra que hayas decidido aportar, que puede ser la de quinientos dólares. Si aplicas el pago normal, que serían unos quince dólares, más los cien dólares fijos, en menos de cinco meses podrías saldar esa deuda. Cuando salgas de la primera deuda, destina esos ciento quince que pagabas antes, y que ya liquidaste, a la siguiente cuenta, que sería la de ochocientos dólares. De esa forma, si a los veinte dólares que debes destinar para abonar la deuda le sumas los ciento quince que ya tienes reservados de la primera deuda, es posible que en menos de siete meses puedas acabar de cubrir ese crédito, y así sucesivamente.

Ahora bien, ¿cuál es la clave? La respuesta es simple: *no vuelvas a usar las tarjetas de crédito para comprar pasivos.* Guárdalas. No las lleves contigo en tu bolsa, y así evitarás la tentación de comprar de forma compulsiva. En otras palabras, prohíbete comprar cosas cuando estés deprimida, porque después de comprarlas y ver que rompiste el propósito de alcanzar tu meta financiera, te sentirás peor; te desmoralizarás, te autodescalificarás y te sentirás imposibilitada para realizar tu cometido. Así que toma el control de tu mente, de tus acciones y tu futuro. Acuérdate de aquel dicho: «Un día a la vez»; es decir, hoy. Acostúmbrate a no comprar con tarjetas. No te preocupes por el mañana, mantén tu decisión y tu integridad firmes hoy, así empezarás a ver cómo tus deudas comienzan a disminuir y verás tu autoestima crecer.

Algo que yo hice y que me funcionó es lo siguiente: si estás casada y sabes que tienes que compartir estos principios con tu cónyuge, siéntate y explícale con amabilidad los avances que podrían tener. Tal vez después de que cubras las tres primeras deudas, decidas que ahora quieres aplicar el cincuenta por ciento de ese dinero a una cuenta de ahorros para invertir o para inyectarlo en tu negocio, o empezar tu primera aventura financiera, ¿por qué no?

Lo que la mayoría de los expertos recomiendan es tener ahorrado al menos entre seis meses y un año del total de tu ingreso mensual, con lo que pudieras pagar tus deudas de manera normal. Es decir, si por lo general necesitas tres mil dólares al mes para vivir, con que tengas unos dieciocho mil en una cuenta de ahorros, entras de forma automática al club de los inteligentes precavidos.

El reto se presenta cuando comienzas a ahorrar; debes evitar a toda costa la tentación de inventar en tu mente cosas en las que pudieras gastar ese dinero, pues siempre vas a encontrar algo en qué gastarlo. Tienes que aprender a invertir. Recuerda que para ser una persona de éxito en las finanzas, tienes que aprender a controlar tus emociones y comprometerte con tu futuro. Tienes que desarrollar un carácter que tenga características que te ayuden a crear abundancia, no escasez.

Te voy a ser sincera: para mí, las áreas de las finanzas han sido todo un reto, porque siempre quiero invertir en cosas y negocios nuevos. Eso es algo que debo controlar todo el tiempo. Sin embargo, en ocasiones me permito alguna recompensa. Por ejemplo, si gano un dinero extra, separo mi diezmo, mis promesas (promesas de dar que le hayas hecho a Dios) y tal vez separe un veinte por ciento para mí. Lo demás lo deposito o lo abono a alguna de las deudas que quiero saldar lo más pronto posible.

De esa forma, me mantengo motivada y enfocada todo el tiempo. Claro, cosas como bolsas, ropa, calzado, no han dejado de interesarme. Además, por el tipo de trabajo que desempeño, mucha gente tiene sus ojos sobre mí. Grabo programas de radio y televisión, y cada mes me expongo frente a cientos de personas en los entrenamientos que hago en Latinoamérica, o en los desayunos de negocios y los talleres que imparto sobre abundancia. Tener suficiente ropa, más que un lujo, es una necesidad impuesta por el tipo de trabajo que realizo. (Sobre este asunto, mi esposo siempre me pregunta: «Pero, ¿cuánto es suficiente?».) Además, como tú sabes, la vanidad es algo normal de cada mujer, así como lo es pensar que eres el centro del universo.

Sin embargo, veo que a muchas mujeres les resulta difícil y por eso bloquean su mente. Para muchas resulta imposible reunir esos cien dólares extras que mencioné para empezar a disminuir su deuda. Para demostrarte que sí es posible, te voy a contar un testimonio personal:

Al comienzo de mi llegada a Estados Unidos, yo no sabía qué hacer ni qué tipo de negocio tener. Como no esperaba que alguien me ayudara a cuidar de mis cuatro chiquitos, hice lo que tenía a mi alcance. Comencé a cuidar niños en mi casa. Con la mentalidad de negocios que me caracteriza, en menos de una semana ya tenía a mi cuidado a cuatro niños y estaba ganando quinientos dólares a la semana. Así lo hice por seis meses. Con eso, pude pagar mi camioneta en dieciséis meses en lugar de en sesenta. De esa forma me ahorré intereses. Después, comencé a dictar talleres cada mes con los que recibía un extra de mil dólares. Así, poco a poco, he ido creando algunas otras alternativas. Como puedes ver, cuando se trata de crear dinero, mientras sea honroso el trabajo, en verdad no me molesta llevarlo a cabo. Puedo cuidar niños, vender tamales, dar un taller, ser estrella de televisión; no me importa, lo que me interesa es alcanzar la meta que me lleve más cerca de mi plan de vida.

Ya no cuido niños, y sí sigo dando talleres, pero cada vez que tengo que hacer dinero extra, mi mente está pronta para una nueva idea. Y es que mientras más lo practiques y seas efectiva, mentalmente vas abriendo las posibilidades, ya que vas anclando triunfos y estos te permiten «creer» que ser creativo sí es lo tuyo.

Cuando salí de Estados Unidos y vine a México, solo me traje maletas con ropa y cuatro hijos. Renté una casa y lógicamente tenía que amueblarla para poder vivir en ella. No tenía créditos en México, porque me había ido por cuatro años, así que fue empezar de cero. Poco a poco fui amueblando la casa, pagando de contado, luego con los poquitos créditos que tenía. Ahora tengo mi casa, que no le falta nada. No tuve que endeudarme, no estoy pagando nada a meses sin intereses, y TODO lo que tengo me pertenece. Eso sucedió exactamente en veintiséis meses. Claro, me he organizado, me he disciplinado, y he sido muy creativa para generar más dinero extra y poder comprar los muebles que a mí realmente me gustaban.

Yo trabajo mucho para ver mis números todos los días; mi esposo y yo, cada dos o tres meses, establecemos nuevas estrategias con base en el funcionamiento de las mismas en ese momento. Cada semana me siento y evalúo el avance que hayamos logrado. De esa manera, hemos podido hacer cambios que nos han dado buenos resultados. Sé que no va a ocurrir mañana; sin embargo, si nos mantenemos comprometidos con nuestro futuro y con las metas financieras que nos hemos establecido, todo será más sencillo. Recuerda lo siguiente: si logras poner la mirada en la meta final, y puedes mantener todos tus sentidos enfocados en el bienestar que tendrás cuando alcances tus metas financieras, serás capaz de persistir, conservar tu fuerza emocional y permanecer a flote cuando quieras claudicar.

Por último, debo decirte que salir de las deudas ignorantes es un asunto tan importante como salir de la depresión o aprender a tener mejor comunicación. Es algo que te durará toda la vida. Si decides recibir entrenamiento y te enfocas de la forma correcta, podrás cambiar el rumbo y establecer las bases para poder crear el éxito financiero que tanto has anhelado.

7

Plan de acción: de delante hacia atrás

Ahora que ya sabes dónde estás, que ya hiciste un inventario de tus creencias o mapas mentales (de tu guardarropa), ya puedes comenzar a actuar. Como ya lo habrás notado, es muy importante hacer listas de las actividades, de lo que tienes que pagar, de las ideas, etc. Todo lo que no se escribe, se olvida.

Si tú visitaras mi casa, verías por todos lados listas pegadas. Si te acercas y las lees, verás que tratan de quién soy yo, de quiénes son mis hijos, de las metas del año, de las declaraciones de nuestra familia, de todo. Cada día, al caminar por nuestra casa, leemos estas listas una y otra vez. De este modo, educamos nuestra mente, nuestro pensamiento, nuestras palabras, nuestras acciones, nuestros hábitos y, así mismo, nuestro futuro.

Para empezar, toma lápiz y papel. Comienza por escribir tu meta. Ahora, con el final en la mente, empieza a ir de delante hacia atrás. Escribe qué medidas debes tomar para poder llegar hasta ese lugar que deseas. Imagina que estás en la parte alta de una escalera, que ya te encuentras en el escalón superior. En ese momento te das cuenta de que para permanecer en el último escalón, necesitas crear la escalera hacia abajo, peldaño por peldaño. De esa manera podrás mantener tu éxito. Así es como quiero que lo imagines. De hecho, si eres una persona más visual, puedes trazar tu meta en la parte superior de tu hoja, luego dibuja escalones hacia abajo, escribiendo en cada uno las medidas o acciones que debes tomar. Sigue este proceso hasta llegar al primer escalón en la base de la escalera, que representa el lugar donde te encuentras en este instante.

La cantidad de escalones que resulten al final, muchos o pocos, está relacionada con tu capacidad de ser específica en tu plan de trabajo. Esa cantidad de pasos también tiene que ver con tu capacidad de analizar las cosas y reconocer lo que te hace efectiva. Lo importante es que puedas crear un sistema con el cual tú te sientas cómoda y sepas que podrás trabajar con él sin dificultad. Lo que funcione para ti está bien, no hay maneras correctas o incorrectas para alcanzar tu meta; siempre y cuando honres en todo momento a tu persona y a aquellos que te rodean.

Después de haber terminado tu escalera con cada actividad, a un lado ponle fecha límite. Es decir, a tu meta final asígnale una fecha de tu elección, sigue con cada escalón hacia abajo hasta llegar a la fecha del día en que estás iniciando tu proyecto.

Es muy importante que asignes fechas que sean realistas; es decir, tienes que pensar muy bien cuánto tiempo deberás invertir para llevar a cabo dicha actividad. Recuerda que si le aplicas poco tiempo, te sentirás frustrada si no logras realizarla. Por el contrario, si aplicas demasiado tiempo, cabe la posibilidad de que pierdas el «momentum», ese impulso inicial, y vuelvas a caer en tu área de confort. Trabajar en una meta debe ser algo constante. Todos los días tienes que poner un poco en tu saquito de arroz, para que así, poco a poco se vaya llenando. No permitas que la pereza, la indecisión y la duda te alcancen; si lo hacen, es porque no estás aplicando suficiente tiempo a tu proyecto. Como ya mencioné, tienes que pensarlo, sudarlo, vivirlo, comerlo, e incluso hasta cuando vas al baño, pensar en él.

De esta manera, no darás oportunidad a que tú misma te sabotees, ni permitas que tus mapas mentales de conformismo y temor te atrapen.

Esto es perseverancia; tienes que desarrollar esa área, así como también la disciplina. Ten presente que este es tu proyecto.

Nadie va a pedirte que rindas cuentas, se trata de tu propio compromiso con tu futuro y contigo misma. Creo que las personas que nunca logran algo trascendental en sus vidas, fracasaron la mayoría de las veces porque no fueron perseverantes. No planearon, y al no hacerlo, tienen más probabilidades de fallar. Como dicen por ahí: «Quien no planea, planea fallar». Hay una gran multitud de personas con dones y talentos que no los han explotado por falta de perseverancia, visión, coraje y pasión. Muchas de ellas conocen su don, pero prefieren no desarrollarlo, antes que pagar el alto precio de buscar la excelencia en aquello a lo que saben que han sido llamadas.

La excelencia solo es para los que están dispuestos a exponerse al rechazo y la humillación, a ser ignorados; es para aquellos que tienen el corazón para levantarse después de que los escupan, de que les digan que no se puede. Alcanzan la excelencia aquellos que con el solo hecho de pensar en su meta, pueden tomar fuerzas, seguir adelante y perdonar. Estas personas logran comprender que quienes les rodean, sienten temor de verlos salir de su área de confort porque entonces los obligarán a ellos también a salir de su mediocridad.

Temor al poder

Lo que nos asusta no es ser poca cosa, sino alcanzar el poder. No nos enseñaron qué hacer con él; a la mayoría de nosotros nos llena de temor llegar a la cima, porque entonces las responsabilidades son por completo diferentes. De ser así, no solo tenemos un compromiso con nosotros mismos y nuestras familias, sino también con la comunidad, con nuestra ciudad y nuestro país. Estamos expuestos a las miradas de muchas personas y somos su ejemplo. No cualquiera quiere correr el riesgo de ser un ejemplo debido a que conlleva mucha disciplina y perseverancia.

Volvamos a tus metas. Después de haber elaborado tu escalera, haz una lista de acciones para cada fecha y escalón. Es decir, empieza a desmembrar cada uno de tus escalones. Es importante que seas lo más clara y específica posible; si lo haces, evitarás caer en actividades innecesarias y también podrás tener muy claro lo que necesitas para pasar al siguiente nivel. Disciplínate: si no terminas todos los pasos y acciones de cada escalón, NO pases al siguiente. En lo personal, lograr lo anterior me resulta casi imposible; todo me gusta rápido, ya que no me agrada perder el tiempo. Sin embargo, he aprendido que cuando me brinco una acción, es inevitable que mi escalera se debilite, y así caigo de ella. De modo que en lugar de «ahorrar» tiempo, este se duplica porque hay que volver a construirla y a subir por ella desde abajo. No te brinques un escalón; disfruta cada etapa y crece en cada una de ellas. Cuando llegues a tu meta, a ese último escalón, ya no te reconocerás. Descubrirás que tuviste que desarrollar muchas otras cualidades en ti misma para poder llegar al lugar en donde estás, pero tienes que decidir actuar y enfocarte.

A algunos de nosotros nos resulta muy fácil actuar, podemos ser estructurados y analíticos, con o sin enfoque. Para otros, la vida no es más que felicidad, ¿para qué sufrir el estrés de estar analizando las cosas y actuando al respecto, cuando la brisa del mar es tan fresca y la vida pareciera ser color de rosa? También hay quienes piensan de la siguiente manera: «Dios va a tener el control de mi vida. Él va a indicarme por dónde ir. Yo no necesito tener un plan, él ya tiene uno para mí; yo solo me dejo llevar como hoja al viento». Yo respeto esa forma de pensar; sin embargo, tengo mis reservas. He conocido muchas personas con esa mentalidad que terminan sin tener dónde dormir, sin algo para comer y con muchos hijos. No digo que esté bien o mal, solo sé que yo ya pasé por algo así: sin techo, sin comida y con hijos. Lo cierto es que la experiencia fue muy desagradable. Entonces decidí usar mi libre albedrío para tomar las decisiones financieras que reflejan prosperidad en mi vida y la bendición de Dios. No estoy tratando de decir que Dios necesite ayuda; somos nosotros los que debemos ocuparnos en ser diligentes con lo que Dios nos ha entregado. Hay que actuar y planear. Dios planeó día a día la creación; él no creó al hombre primero y luego expresó: «Bien, pero ahora, ¿dónde lo ubico si aún no he creado la tierra?».

Espero que sea clara la idea que te quiero transmitir. Creo que soy hija de un Dios que tiene el control de todo; también creo que tengo un Dios que me dio libre albedrío para que, con mis decisiones, lo honre a él. De ese modo, dudo que quiera que yo sea un títere de un Dios todopoderoso. Pienso que él quiere una hija, que con su fruto, honre al padre que la educó en su palabra. Así que tu escalera debe reflejar tus creencias, aquello de lo que estás hecha. De esa manera, no solo te sentirás fortalecida en tu alma, sino también en tu espíritu.

Después de que ya tienes tu escalera, tus acciones y los tiempos establecidos para alcanzar cada meta... ¡Compártelos! Grítalos a los cuatro vientos. Transmítelos a las personas que dudan en hablar de sus planes por temor a no llevarlos a cabo y ser consideradas mentirosas o fracasadas. Además, llevan consigo una pizca de temor al compromiso y a correr riesgos.

Ese es el lado negativo de ver las cosas; la manera positiva es que cada vez que tú lo expresas, algo adentro de ti se activa y te dice: ¡*Ahora tienes que lograrlo, no hay marcha atrás*!

Genera compromiso

En el momento en que empiezas a compartir tus retos, la gente se compromete contigo de buena o mala manera. A ti te corresponde usar el compromiso solo de buena manera. Cada día veo gente que se me acerca para decirme: «Ana, eso que quieres está mal. No podrás lograrlo, nadie más lo ha hecho. Vas a fracasar». Lo único que hago es darle vuelta a esa actitud para que me impulse a llevar a cabo lo que tengo que hacer. Me repito a mí misma que con mayor razón debo hacerlo. No importa lo que piensen los demás, yo sé lo que tengo y lo voy a lograr.

En una ocasión tuve una junta con una mujer que está en una posición decorosa en una organización muy grande. Yo admiro esta organización por la administración y estructura que tiene. Me sorprendió que cada vez que quería hacerle notar a esa dama la importancia de ayudar a las hispanas, ella solamente me miraba con una expresión clara en su rostro que decía: «No me interesa». Yo me esforzaba por hacerle ver que los hispanos somos la minoría con mayor crecimiento y con mayor fuerza en Estados Unidos. Los expertos aseguran que a mediados del presente siglo, los hispanos, junto a otras minorías, ¡seremos más que los anglos! Mi asombro era que ella se mantenía en su posición haciéndome saber que no le interesaba tener ni más exposición al mercado hispano ni dar más servicios a las mujeres hispanas. Cuando salimos de esa junta, la persona que me acompañaba no sabía qué decir. Percibí que en su interior había frustración. Por el contrario, yo me sentía liberada, fortalecida y con poder. Lo que pasó en mí fue que me di cuenta de lo siguiente: nadie va a hacer por nuestras mujeres y hombres lo que nos corresponde llevar a cabo a nosotros mismos. Nadie va a invertir su vida en un proyecto para los hispanos como lo haríamos nosotros mismos. Creo que hay demasiadas personas que no son hispanas, pero que han ayudado en gran manera a nuestra gente; sin embargo ¿quién mejor que nosotros, que entendemos la cultura, para efectuar un cambio en nuestra sociedad hispana?

Así que, en lugar de sentirme frustrada y defraudada, supe en ese momento que estaba haciendo lo correcto. Sabía que estaba en el camino rumbo a mi destino y que en ese camino podría ayudar a una gran cantidad de mujeres. Sin embargo, yo fui a esa junta esperando apoyo, ayuda monetaria o formar una alianza, mas nada de eso sucedió. Lo que sí pude rescatar fue mi honor, la visión y la conciencia de que con la ayuda de Dios, no importa cuántos te digan que no se puede. Solo debes cumplir con tu parte, y él hará los milagros. Tú decides qué hacer con las experiencias que te suceden; puedes deprimirte y pensar que tienen razón, o puedes seguir avanzando y encontrando más razones por las cuales caminar hacia tu destino.

Habrá gente que te diga: «En estos tiempos no se puede ahorrar. No es momento para arriesgar y emprender negocios. Mira cómo está la situación». Sin embargo, haz un alto y piensa ¿cuándo fue la última vez que escuchaste a estas mismas personas siendo positivas y diciéndote que la situación estaba estupenda y que tenías todas las posibilidades de iniciar un ahorro, un negocio o una inversión? Con frecuencia, estas personas van de mal en peor. Si para ellos la situación era mala ayer, hoy está peor y mañana no quieren enterarse de cómo estará. Ese es su pensamiento, eso es lo que crean; ese es su plan, aunque ellos lo nieguen o tú misma pienses: *No puedo creer lo que me estás diciendo*. Así es, en su subconsciente su plan es fracasar y que todo vaya de mal en peor. De esta manera, ellos siguen estando en lo correcto y siguen justificando sus decisiones. Por supuesto, para que ellos puedan seguir en su juego, todo el que los rodea debe estar mal. Todo

pinta del color que ellos lo requieren; de ese modo, siguen confir-
mando dentro de sí mismos que el fracaso no vino por las decisiones que han estado tomando a lo largo de su vida. No, en lo
absoluto. La culpa la tienen el gobierno, su mamá, su esposo, los
hijos, el clima; todos menos ellos mismos.

Habrá algunas otras personas que se acerquen y te digan que
todo va a estar bien, que te esmeres en tu enfoque. Estas personas te dan consejos, te conectan con otras personas que pueden
ayudarte a llegar a tu objetivo. En fin, son el tipo de seres humanos que siempre quieres tener cerca de ti. Ellos, por lo general,
tienen un plan de vida y disfrutan escuchando tus proyectos. No
se sienten pequeños ni intimidados cuando les transmites tus
planes. Por el contrario, siempre quieren escuchar más porque
ellos también se alimentan de tu emoción y de tu pasión. Este
tipo de ángeles también permanecerán contigo a la hora de las
caídas y de los triunfos.

Al llegar a Estados Unidos tuve que hacer nuevos amigos. Hay
algunos que son como hermanos y otros que son mis cómplices de
aventura. No es fácil encontrar a estos últimos. Estos cómplices son
mujeres y hombres que tal vez nunca han pensado que tu sueño
pudiera hacerse realidad, pero que sí entienden que tu corazón tiene el suficiente poder para llevarlo a cabo. Estas personas saben
que las motivaciones que te mueven son las correctas; sobre todo,
ellas son tan transparentes consigo mismas que no sienten envidia
de lo que quieres lograr. Por el contrario, están seguras de que en
ese camino, ellas también crecerán y lograrán ver el otro lado de la
montaña, una vez que juntas estén en la cima.

Tengo cinco o seis amigas (cuyos nombres omitiré por no entrar en disputas) que yo sé que están conmigo en todo momento. Son mi apoyo, mi regaño, mi fortaleza y el hombro donde puedo llorar. Busca amigas que sean capaces de disfrutar de tus logros y cuando las encuentres, atesóralas. Esta clase de amistades no se encuentran a la vuelta de la esquina.

Las personas negativas y envidiosas se acercarán a ti y si estás en el piso, te dirán: «Te lo dije»; pero cuando estés en lo alto, te lanzarán la amenaza diciendo: «No te confíes por esto, ya que es casi seguro que no va a durar». Los que son positivos y te vean en el piso, en una caída, te preguntarán: «¿Cómo estuvo la caída? ¿Qué aprendiste? ¿Qué cosas no volverás a hacer?», o simplemente exclamarán: «¿Te divertiste en la caída? Entonces, ¡valió la pena!».

Por otro lado, cuando estés en lo alto, te aplaudirán, te darán su apoyo, te darán palabras de ánimo y se encargarán de que sepas que todo está bien. Lo que no conoces, lo aprenderás, y lo que ya sabes, lo tienes que modificar para que funcione en este nuevo escalón al que has logrado subir.

Aprende de cada una de estas personas, no las juzgues. Usa tu dominio propio para canalizar lo que te dan. Cuando alguien te ofrece algo, tú tienes la autoridad de decidir si lo tomas o no. Si decides tomarlo, también puedes utilizarlo como tú lo desees; no estás obligada a usarlo en lo que ellos quieren. Es decir, a mí me pueden dar palabras de desánimo y yo las convierto en gasolina para seguir adelante. Mis fuerzas crecen cada vez que me dicen algo negativo; sin embargo, no todos reaccionan así. Hay que programar tu mente para decidir que aquello que escuchaste no te afectará de manera negativa; por el contrario, te dará más fuerzas para seguir empujando.

Atrévete a disfrutar cada triunfo. Cada vez que logramos subir un peldaño, hay que digerirlo, percibir su sabor, disfrutarlo, compartirlo con la gente que te dará más ánimo. Yo recomiendo que junto con la lista de acciones y de fechas límites, también anotes pequeños premios que podrás obtener si alcanzas esas metas. Puedes ir incrementando el nivel del premio conforme vayas acercándote a tu meta en la escalera. Esto te dará no solo la visión final, sino también una visión por segmentos de todo lo que vas logrando y en quién te vas convirtiendo en el camino.

El lugar correcto para la confianza

Confía en que Dios tiene un milagro cada día. Al levantarme por las mañanas, en mis oraciones le digo a Papá Dios: «Señor, yo sé que cada día Tú tienes para mí premios escondidos por todos lados; desde un ave hermosa, hasta el cierre de una venta esperada por mucho tiempo. Sé que de cada persona que yo reciba en el día de hoy, Tú me revelas cuál será su propósito en mi escalera del éxito y lo que necesito aprender de ella. No permitas que me aleje sin haber entendido lo que deseabas que aprendiera y aquello que deseabas que yo le enseñara. Señor, gracias por que este día no es ayer, ni es mañana. Es el presente y hoy Tú tienes milagros que mis ojos no han visto, mis oídos no han escuchado y mi mente no alcanza a imaginar».

Cada día, si yo salgo con la expectativa de que algo fabuloso está esperándome allá afuera, toda mi mente y mi cuerpo están en la misma sintonía. Mi subconsciente se enfoca en descubrir aquello que me ayudará a alcanzar mis metas financieras. Mi fe se activa y, entonces, mis sentidos están más atentos a lo que va a suceder, a descubrirlo de inmediato. Al decirlo, todo nuestro ser acata la orden de permanecer alerta.

Por ejemplo, digamos que vas caminando por la playa. Si no tienes en mente reunir conchitas, es posible que les pases por encima sin darte cuenta, porque tu enfoque está en otro asunto. Tus sentidos están ahora disfrutando de otras cosas, tal vez estás brincando en las olas o simplemente sintiendo la arena en tus pies. Al otro día, vas a la playa y decides que quieres recoger conchitas. ¿Qué sucede entonces? Pasas el tiempo mirando hacia la arena, ¡buscándolas! Como vas con la convicción de encontrarlas, ¡no escaparán de tu mirada! Es lo mismo cuando sales de tu casa con la convicción de que encontrarás milagros, hallarás bendiciones con una buena actitud. Aun si no logras percibirlos, tal como sucedió en la playa, volverás a salir más adelante o al siguiente día y con el mismo ánimo volverás a buscar. A fin de cuentas, las conchitas se forman en el mar, ¿no es así? Es el lugar indicado para encontrarlas. De la misma manera ocurre con los milagros; están allá afuera, esperándote, para que hagas crecer tu negocio, empieces tus ahorros, compres la casa de inversión que tanto anhelas o realices tus primeras inversiones en otros ramos. Si sales de tu casa con la actitud de buscar milagros, todos tus sentidos estarán enfocados en ello. No estoy tratando de decir que es mágico, sino que tienes más posibilidades de obtener milagros si vas con la visión de encontrarlos.

Así, cada día vuelve a comenzar. Tómate el tiempo para trabajar en tu escalera. Si te levantas cinco minutos más temprano, tendrás el tiempo para verificar las actividades que debes llevar a cabo ese día. Marca con una palomita las que ya completaste o táchalas. Hazlo como desees; lo importante es que sea visible a tus ojos que ya terminaste las actividades que requerías para ese escalón de tu éxito.

Por lo general, me gusta escuchar música antes de salir, música que me anime y aliente a tener un día positivo porque saldré a buscar mis milagros. Para algunos, leer este libro es un milagro; para otros, significa tener alimento en su mesa, haber empezado un ahorro, haber comprado una casa. No importa de qué se trate el milagro que necesitas, sal de casa cada día con la expectativa en tu corazón y en tu mente de que hoy será el día para recibirlo. De esta forma, cada día comienza de nuevo con la convicción de que estás trabajando en tu futuro, el cual inicia hoy con cada pensamiento y cada actitud que tomas.

Muchas veces desvalorizamos actividades tan pequeñas como el hecho de escuchar música. En una ocasión, debía lograr no solo un reto, sino muchos. No me sentía con ánimos de salir de la cama; me sentía frustrada, enojada y fastidiada. Pensaba que lo que hacía no tenía sentido; por primera vez en casi un año, no quería ni pensar en el proyecto que estaba desarrollando.

Se trataba del primer centro de entrenamiento empresarial latino, con un programa de desarrollo personal y otro de negocios. Al fin me levanté, me bañé y mientras lo hacía, lloraba porque no sabía por dónde empezar. Tenía mil decisiones que tomar y muchas de ellas me desagradaban. Salí del baño y le pregunté a Dios: «Muy bien Señor, ¿podrías recordarme por qué estoy haciendo esto?». No obtuve respuesta, así que lo único que se me ocurrió fue escuchar un poco de música, en su mayoría alabanzas. Cuando comencé a escuchar la letra de las canciones, dejé mis pensamientos a un lado. Hay un canto especial de Patricio Vásquez, en la canción Vaso útil, que dice: «Úsame Señor, llena mis manos con tu poder». Entonces medité acerca de que muchas veces, ser usado por Dios no parece ser muy lindo. Jesús fue usado por Él y no todas sus experiencias fueron divertidas; después, cuando entendí que Él mismo ha llenado mis manos con ese poder para ayudar a las mujeres y guiarlas, comprendí que esto que me estaba sucediendo solo era parte del proceso de transformación que necesito vivir para pasar al siguiente nivel. La mente, cuando se transforma, alcanza a comprender otras dimensiones, esas donde puedes ver la voluntad de Dios para tu vida, la cual es perfecta, buena y agradable. El escuchar la música ese día me ayudó a recordar la razón por la cual estoy en la trinchera y por qué la meta es más importante que todas las batallas que deba enfrentar.

La escalera es solamente para que comiences a hacer las cosas que deberías llevar a cabo. Es para tener mayores resultados, tomar las decisiones que te lleven a realizar las acciones adecuadas y lograr los resultados que quieres para tu vida.

La importancia de un plan de acción

La vida sin un plan de acción es como subirte a un barco y no saber a dónde va. La vida controla a muchas personas. Cambia esa situación y toma las riendas de tu vida. Debes lograr que tu vida sea significativa, una vida en la que cada día tenga su propio valor. Acuérdate, vive un día a la vez; no importa lo que pasó ayer o lo que sucederá mañana. Solo obtén el máximo provecho del día de hoy. Dirige tu enfoque a encontrar aquello que estás buscando y crea lo que quieres descubrir mañana. Siembra la semilla correcta, para que comas del fruto que has anhelado para tu futuro.

8

El lugar de acuerdo es el lugar de poder

L o primero que quieres saber es cuál es tu razón. Si no has podido responder a esta pregunta sintiendo pasión o llorando con coraje, entonces aún no has encontrado tu motivo.

Es imperativo que la conozcas. De no ser así, al llegar los tiempos difíciles en los que la gente comience a cuestionarte, cuando las cosas no salgan bien y te sientas sola, en el momento en que llegue la duda, al ocurrir todo esto (te garantizo que así sucederá), entonces no tendrás esa fuerza poderosa que te haga seguir adelante.

No sé si alguna vez hayas visto una de esas películas en la que el héroe aparece con golpes, o una en la que a la protagonista le han dicho muchas veces que no la aman. También hay musicales donde a la estrella principal le han dicho que no es buena para cantar. En este tipo de películas sucede algo interesante: en algún momento, los personajes recuerdan la razón que los impulsa y se levantan para volver a intentarlo, incluso actúan con más pasión y logran alcanzar la meta.

Eso no ocurre solo en las telenovelas. Es completamente cierto, necesitamos saber con exactitud cuál es nuestra razón.

Aunque parezca curioso, si observas todo lo que hicimos al principio, te darás cuenta de que lo llevamos a cabo para ayudarte a descubrir quién eres. La razón detrás de ello es que si no te conoces y no sabes cuáles son tus motivaciones reales, por lo general irás por la vida desconociendo tus verdaderos anhelos. Sería terrible descubrir que las cosas que anhelamos son más bien los deseos de alguien más para nosotros. Sin darnos cuenta, en realidad buscamos complacer a otras personas como a nuestra mamá, alguna tía, al esposo, a los hijos; solo en raras ocasiones, a nosotras mismas.

Es importante que te preguntes una y otra vez: *¿cuál es mi motivación real?* Escribe la pregunta; cuando respondas siempre con lo mismo y sientas electricidad, poder y pasión cada vez que lo dices, entonces atrápala. ¿Cómo se atrapa una motivación real? Puedes hacer la siguiente mímica: levanta tu mano y cierra el puño; al bajar tu brazo con fuerza, di en voz alta tu motivo. Exprésalo con pasión y así se alojará en tu interior, en tu mente y en tus emociones. Cada vez que necesites reforzar la convicción de llevar a cabo las cosas que haces, que necesites fuerza para seguir adelante o te haga falta aclarar tu mente para no claudicar, haz ese ejercicio. Por las mañanas es muy poderoso, yo lo hago todo el tiempo pensando en Dios, pensando en mi llamado, en aquello que debo hacer y la razón por la que vine a este mundo.

Recuerdo una ocasión en que asistí a un entrenamiento en el año 2000. Tenía cuatro meses de embarazo de mi tercer hijo, pero no se lo mencioné al instructor para que no me limitaran en las actividades que podía realizar. La noche del cierre, para la actividad, debíamos romper una tabla y lo único que hacíamos antes de romperla era pensar en nuestra motivación. Así fue como aprendí esta técnica. Hubo personas que no pudieron romper su tabla porque en realidad no entendían o no conocían su motivación real. Vi gente llorar de rabia por no poder romperla; también presencié cómo otras personas descubrieron en ese momento su motivación y sin titubear rompieron la tabla. Tuve la experiencia personal de romperla en el primer intento, porque conocía mi motivación con toda claridad. Aun cuando las personas me decían: «No lo hagas, recuerda que estás embarazada», yo estaba segura de que nada malo me sucedería. Mi primera motivación siempre es agradar a Dios y seguir caminando por el propósito que Él ha puesto en mi corazón. Yo sabía que a pesar de lo que decía la gente que me rodeaba, al hacer el ejercicio estaba dándole esa energía de fe, pasión y positivismo al bebé que llevaba en mis entrañas. Cuando tú conoces la gasolina que mueve tu maquinaria y estás consciente de las verdaderas intenciones de tu corazón, es muy fácil saber lo que debes y no debes hacer porque no hay margen de error. Tu instinto, tu espíritu, alma y corazón se funden en uno y dan paso al poder para realizar tu sueño.

Haz tú lo mismo; encuentra tu razón, esa que te hará encontrar tu arcoíris, el cual dará color a tus finanzas. Ponle color a tu lienzo. No hay nada más poderoso que el hecho de que tu corazón, tu mente y tu espíritu estén de acuerdo. Ese acuerdo te dará el poder para seguir adelante y perseverar en la adversidad de los retos de la vida.

Contrato de vida

En los capítulos anteriores, lo que he venido explicando se conoce también como «contrato de vida». Para que lo comprendas de una mejor manera, aquí te presento el mío. Tengo un documento redactado en una hoja, la cual ubico en varios lugares de mi casa. Este documento se ve más o menos así:

MI RAZÓN DE VIDA

Vivir intensamente y con dirección

Esta soy yo:

- Soy una mujer temerosa de Dios, conocedora y hacedora de la palabra.
- Soy ayuda idónea, admiradora de mi esposo; dedico tiempo y pasión a mi matrimonio.
- Soy madre de cuatro hijos exitosos: en su familia, en los estudios, en los negocios, en el ministerio, en su corazón y en su bolsillo.
- Soy conferencista internacional.
- Soy escritora.
- Hago cinco programas de televisión a la semana.
- Hago cinco programas de radio a la semana.
- Soy fundadora de la Asociación para la Ayuda de Mujeres Latinas.
- He visto a cincuenta mil mujeres alcanzadas.
- Trabajo solo cinco horas diarias.
- Tengo una casa con siete habitaciones y con el tamaño suficiente para llevar a cabo reuniones de cien personas.

- Viajo dos veces al año con mis hijos, dos veces con mi esposo y dos veces a las misiones.
- Soy libre en lo financiero (sin deudas ignorantes).
- Poseo diez inversiones en Bienes Raíces.
- Soy dueña de cinco negocios que prácticamente se conducen solos.

Toma mi contrato de vida como ejemplo para hacer algo parecido que se aplique mejor a ti. Muchas de estas cosas ya las alcancé, aunque aún hay otras en las que me falta mucho camino por recorrer. Lo importante es que sé a dónde voy; lo que quiero para mi vida; lo que anhelo darle a mi esposo, a mis hijos, a mi comunidad, a mi país y, por supuesto, a mi Dios.

Cuando una persona sabe a dónde va, entonces puede encontrar las diferentes formas para llegar a su destino. Por ahora, no te preocupes por cómo lo vas a lograr, solo crea tu visión, escríbela y asegúrate de que tu mente, tu corazón, tu espíritu y tu alma estén de acuerdo contigo y empiecen a cambiar lo que sea necesario para alcanzar esas metas que te has propuesto.

Declarando tu contrato de vida

Como lo mencioné antes, tienes que declarar tu contrato de vida. Cada vez que lo haces, se activa una nueva manera de lograr tu objetivo; la intención es igual a los resultados. Tu verdadera intención siempre será la que salga a flote. En tu vida, los frutos que recoges son solo el resultado de las verdaderas intenciones de tu corazón y tu mente. Los resultados no son más que el espejo de tus pensamientos, de tus palabras y de tus acciones. En otras palabras, dices que ya no vas a gastar, pero no sacas de tu bolsa las tarjetas de crédito, o no separas la cantidad para el ahorro, o simplemente no pagas tus cuentas a tiempo para poder traer un «extra» en tu bolsillo.

Lo que haces es en realidad tu verdadera intención, porque esta siempre gana, todo el tiempo sale a flote. Piensa, ¿en cuántas áreas de tu vida dices algo y luego haces otra cosa? Eso es solo el resultado de tu verdadera intención. El punto es que tienes que trabajar de adentro hacia fuera, debes crear primero los pensamientos correctos, para que tu mente empiece a transformarse y los frutos de tu vida comiencen a cambiar.

Declara lo que tú quieres para ti en cada oportunidad que tengas. Repítelo, piénsalo, ríndelo delante de Dios y asegúrate de que Él está en el centro del asunto, así te ahorrarás muchos dolores de cabeza.

Como ya comenté, leer tu contrato de vida es tan importante como conocer tu propio nombre. En él está escrito lo que tú eres en realidad. No eres lo que ves ahora. En este momento eres solo el resultado de todo lo que te han enseñado. Tus finanzas no son lo que deben ser, sino el resultado de la escueta educación que has podido obtener hasta este punto. Lo importante es que estás dando los pasos necesarios para cambiar el rumbo de tus finanzas y empezar a vivir en una mentalidad de abundancia y de grandeza; no para enriquecerte, sino para tener la posibilidad de realizar todo lo que llevas en tu corazón. ¿Quieres abrir un orfanato? ¿Sueñas con llevar a tu mamá de vacaciones? ¿Anhelas enviar a tus hijos a la universidad? ¿Deseas tener suficiente dinero para inscribir a tus hijos en una mejor escuela? ¿Añoras dormir cada día sin la angustia de no tener dinero para pagar las cuentas? ¿Qué es lo que anhelas? No importa lo que sea, estás haciendo lo correcto, estás tomando la decisión de aprender nuevos hábitos y cambiar tus resultados.

Cuando menos lo esperes, después de repetir una y otra vez lo que quieres para tu vida, comenzará a parecerte más real, menos lejano, más natural, menos imaginario, más como tú y menos como algo que nunca soñaste que podría suceder.

9

El regalo de la esperanza

C uando la gente dice: «La esperanza es lo último que se pierde», se enciende dentro de mí esa lucecita que mantiene mi corazón palpitando. Significa que aún tienen para dar y recibir.

Sin embargo, las ocasiones en que alguien comenta que ya no tiene esperanza, mi espíritu se entristece porque sé que ha abandonado el sueño de una mejor vida. No quiere decir que no quede nada más por hacer, pero sí que tendré que poner más pasión y empeño para que esa persona salga adelante.

Para expresarte lo que hay en mi corazón, te diría que deseo que cambies tus finanzas de modo que tú misma puedas ayudar a otros a que cambien las suyas. Esa es la meta final, ser luz que imparte luz a otras personas en tinieblas. ¿Cuántos amigos y amigas tienes en el pozo de la desesperación porque no saben cómo salir de las deudas? ¿Cuántos están en depresión por no saber hacia dónde van? ¿Cuántos jovencitos están asustados porque un día tendrán que ser ellos quienes lleven las riendas de un hogar? Les preocupa que lo único que han aprendido en casa es lo siguiente: que nunca hay suficiente y que la vida es muy dura. ¿Cuántos ejemplos como este conoces?

Puntos para recordar:

- Aprende a ser transparente contigo misma; si no te respetas tú, nadie lo hará.
- Aprende a ser de una sola pieza; que tu sí sea un sí, y tu no, un no.
- Ya no te dejes manipular por engaños, sé más analítica y evalúa tus decisiones.
- Mantén siempre la creatividad de tu lado.
- Evalúa dónde estás parada al menos una vez al mes.
- Ejercita la evaluación de tus pensamientos, porque ahí es donde está la raíz de tus palabras.
- Haz tu plan de acción.
- ¡Pon a trabajar tu capacidad cerebral! Haz la lista de las formas en las que podrías llegar a tus objetivos financieros; reúnete con personas que te puedan dar ideas y escúchalas con mucha apertura. Tendrás que cambiar cosas en ti, pero eso te ayudará a crecer.
- ¡Trabaja con el final en la mente! Tu meta y tus motivaciones son tu barco para navegar en las aguas turbulentas de las finanzas.
- Por último, declara tu contrato de vida. Todo lo que hayas decidido escribir en él es la clave para saber hacia dónde te debes dirigir. Es la gran foto de tu vida; la escalera y el arcoíris son los pequeños pasos que debes tomar para llegar a una posición más alta.

Para finalizar, te voy a narrar una historia que me sucedió en casa. Como ya comenté, tenemos cuatro hijos y siempre estoy aprendiendo de sus vidas; sin lugar a duda, cada uno de ellos mantiene viva la esperanza en mí. Veo cómo nunca se limitan, y si por algún motivo lo hacen, es porque lo han aprendido de mamá o de papá. Al final, eso me permite mirar mis propias fronteras, mis propios juegos internos con los que yo me saboteo.

Nunca pensé que mis hijos algún día padecerían de piojos en su cabeza. Es lo más asqueroso que había visto. Me jacto de peinar a mis niñas y de mantenerlas muy limpias todo el tiempo. Así pensaba hasta que un día me llamaron de la escuela para decirme que no podrían regresar más hasta que estuvieran limpios de piojos. «Perdón, ¿limpios de qué?». Primero me indigné (señal de víctimas). Luego, entré en la negación: *estos estadounidenses no saben cómo reconocerlos. Seguramente se trata de algún polvo que traen en la cabeza.* Seguía con mi discusión interna, y entonces llegué a la casa. Solo para encontrarme con que todo era cierto. Se suponía que los niños no deberían tener piojos ni en mis peores pesadillas; para mi asombro, los tenían.

Entré en pánico, de tal manera que tomé a mi niña más pequeña y decidí raparla por completo. Cuando mis otros hijos vieron lo que estaba haciendo, comenzaron a correr por toda la casa diciendo: «¡No me vas a rapar a mí, yo no me voy a dejar!». Acto seguido, le rogaron a su papá que no me permitiera hacerlo, a lo que mi esposo reaccionó comprando un tratamiento para deshacernos de esos bichos indeseables. Yo proseguí con el corte de cabello de la *Moñoñonga*, como le decimos a mi pequeña; y mientras lo hacía, ella me decía: «Mami, ¡qué linda! ¿Me vas a cortar mi pelo como mi *dadyo*?» (así le llaman de cariño a su papá), y frente al espejo posaba mientras yo seguía cortando su cabellito... Esto le impresionó tanto a mi hijo de once años, que acercándose a mí, me dijo: «Mami, ¿por qué no somos como mi hermanita? A ella no le importa tener el cabello corto o largo ni lo que va a decir la gente. Ella solo está viendo que se va a parecer a una de las personas que más ama en la vida. Ella solo dice disfrutar su corte de cabello». Yo me quedé pensando un instante y le dije: «Corazón, tu hermanita no tiene aún todos esos estereotipos de cómo deberían ser las cosas. Por eso ella, de manera natural, puede disfrutar las cosas que a los demás les producen histeria o cólera». Mi hijo apenas sonrió y replicó que él también quisiera ser como su hermanita toda su vida.

Ese día aprendí mucho de la horrible situación en la que nos encontrábamos. Mi niña, por supuesto, se encargó de hacerle saber a todo el mundo que tenía bichos en la cabeza y que por eso, mami le había cortado el cabello. Sin pena ni sufrimiento alguno. Yo aprendí que en el camino de la vida vamos dejando atrás esa chispa de inocencia y vamos estableciendo acuerdos con nosotros mismos sobre las expectativas que las personas tienen de nosotros o qué cosas está bien que sucedan y cuáles no. Mi niño también me enseñó que, en ocasiones, se nos olvida que todos los días podemos tomar la decisión de cambiar o de vivir tal como lo hemos estado haciendo; obtener los mismos resultados y sentirnos de la misma manera todo el tiempo; o por el contrario, descubrirnos a nosotros mismos y decidir retomar la ruta de la esperanza y de la inocencia.

Decide darte la oportunidad de hacer todas estas cosas que te he enseñado durante la lectura de este libro. Te he dotado de dos herramientas poderosas: la escalera para los analíticos, y la declaración de tu vida para los que no necesitan más que saber a dónde van. Tal vez quieras utilizar las dos o solo una. No lo sé. Solo toma la oportunidad de llevar esto a cabo, atrévete a ser como mi niña que estaba obteniendo lo mejor de su situación. Toma las decisiones necesarias para vivir tu regalo de esperanza.

Un día, Dios se preguntaba por qué su creación, es decir, los seres humanos, no alcanzaban a ver todas las bendiciones y la herencia que Él les había entregado hacía mucho tiempo. Así que decidió bajar y mezclarse entre la gente. Aprendió a ponerse límites, a mentirse a sí mismo, a juzgar a los demás, a desanimar a las personas amadas, a no confiar en nadie.

Después de que hizo eso, trató de buscar las bendiciones y la herencia que Él personalmente había dado para los hombres, pero como se había puesto límites, no pudo verlas. Comprendió que no importaba cuál hubiese sido su sacrificio para lograr que sus hijos vieran cuánto les amaba; ellos no podrían ver estas bendiciones hasta que no cambiaran su forma de pensar y de actuar.

Entonces se le ocurrió algo espectacular. Decidió que por medio de un sacrificio mayor, Él podría construir un puente para que los que en verdad quisieran tener estas bendiciones se atrevieran a cruzarlo. Aunque en su corazón deseaba que todos usaran ese puente, percibió también que solo los que eran atrevidos y buscaban con seriedad un cambio en su vida lograrían cruzarlo.

Es así como ese puente ha estado ahí por mucho tiempo, de manera tal que Dios cada día se sienta al otro lado del puente para ver si ese día, uno de sus hijos lo cruzará. Observa cómo muchos siguen su camino sin detenerse y ni siquiera lo miran. También observa cómo otros se detienen frente a él, pero no se deciden a cruzarlo, pues tienen miedo de descubrir lo que se encuentra del otro lado. Unos simplemente toman impulso, llegan a la mitad y ahí se quedan tendidos; otros tantos se rinden y regresan. Solo unos pocos, cada día, deciden no mirar atrás y caminar hacia sus bendiciones, dejando los miedos y los pretextos a un lado.

Cuando eso pasa, Dios abre las ventanas de los cielos y derrama sus bendiciones sobre aquellos que han sido fuertes, esforzados y valientes. Muchos de ellos, al conquistar la otra orilla del puente, se dedican a ayudar a los que apenas están cruzando. Desean que esas personas también disfruten de todo lo que hay para ellos. Algunos se sientan con Dios a planear nuevas estrategias para que más gente logre cruzar el puente.

Mi anhelo sincero es que al cerrar este libro, te convenzas de que todo lo que te he enseñado aquí es parte del plan de Dios para tu vida. Él quiere que cruces el puente de la prosperidad para que formes parte del equipo de los que pueden lograr que las cosas sucedan. Dios quiere que te esfuerces, que seas valiente, que tengas fe y que permanezcas firme y fuerte frente a la adversidad.

Las buenas obras requieren dinero para llevarse a cabo. Necesitamos más gente como tú, que pueda tener esa libertad de donar y de hacer más por las personas que tienen menos; no solo dando en lo que respecta a lo económico, sino aportando también con su testimonio, siendo ejemplo de que es posible salir adelante.

Esta pequeña historia que te he contado es una visión que Dios me dio cuando estaba terminando de escribir este libro, que en ese entonces aún no tenía nombre. De ahí proviene el título, y creo que es la mejor manera de ilustrar lo que hay en la parte superior de tu escalera y en el corazón de Dios.

Que la vida no te controle; toma las riendas de tu vida sin permitir que otras circunstancias intervengan. Lo importante no es tener dinero, sino lo que puedes lograr cuando ya lo tengas.

Si te caes, pero sabes a dónde vas, puedes aprovechar la caída para llegar a tu meta.

10

La abundancia

L a compañía que fundé en octubre del 2010 se llama Creadores de Éxitos, y la visión de esta compañía es: «En un mundo de escasez, nosotros desatamos la abundancia en cada persona». Esta declaración resuena en mi mente y en mi corazón. Y es que no estamos hablando de cualquier cosa.

La mayoría de la gente confunde RIQUEZA con ABUNDAN-CIA. Para mí, la riqueza es la acumulación de bienes (cuando hablamos de dinero), también hay riqueza de espíritu, de amor, de muchas otras cosas.

Y la abundancia es la acumulación de sabiduría que te permite tomar decisiones que crean momentos de felicidad.

Para mí, la abundancia es la conjugación de siete áreas en la vida. Desde mi percepción no existe el equilibro, como seres en crecimiento es casi imposible tener un equilibrio total, ya que siempre estamos avanzando, en ciertas áreas, y nos distraemos en otras.

Las siete áreas que trabajamos en Creadores son: espíritu, familia, dinero, relaciones personales, salud, mentalidad y propósito de vida.

Un día estaba volando de Orlando a Phoenix, venía de un evento con Robert Kiyosaki y Blair Singer. Estaba sentada en el avión, organizando un programa para dar finanzas personales para parejas. Ya había terminado, pero sentía en mi corazón que me hacía falta algo y no sabía qué era. Entonces, clarito escuche a Dios, decirme: «Dibuja una estrella de David», y así lo hice, después empezaron a venir a mí las palabras que tendrían que ir en cada área de la estrella. Así fue como empecé a entender que las finanzas personales son también el resultado del trabajo de otras áreas en mi vida.

Voy a hablar un poco acerca de cada área, pero espero muy pronto poder lanzar un nuevo libro con este tema de la estrella de David y la abundancia.

La familia

Esta es la base; piensa en la estrella, el pico de abajo que soporta es el de la familia. Así es, en el seno familiar recibes el apoyo, la fortaleza, ahí es donde se forjan las emociones positivas o negativas de tu vida. Y esas emociones terminan controlando cada una de las decisiones que tomas para darle forma a tu presente y a tu futuro.

El tener tu propia familia y que esté en armonía, te ayuda a poner la energía en los lugares correctos, porque normalmente, cuando hay problemas, es ahí donde encuentras tu seguridad. En la familia también se determinan muchas cosas, empezando por tus valores, tus creencias, lo que te permites y no te permites ser. Y es que la familia es la que más afecta e influencia en tu vida. Normalmente terminamos siendo una revoltura entre nuestros padres y las personas más cercanas de nuestra infancia.

Cuando pienso en mi familia, me vienen a la mente mi mamá y mi papá. Pero sobre todo mis dos hermanas, quienes realmente, han sido las que me dieron el amor y el calor de saber que tenía alguien a mi lado que me amaba incondicionalmente.

Mis papás se divorciaron cuando tenía once años, como ya comenté. Mi madre nunca se volvió a casar, así que yo realmente nunca aprendí cómo era una relación en pareja, nunca supe lo que era que se atendieran a un esposo, o que se le amara o respetara. Eso me afectó, ya que desde un punto de vista sicológico me convertí en el esposo de mi mamá (mentalmente, y esto sucede sin que ni siquiera lo sepas o lo reconozcas). Así que cuando me casé yo era el esposo de mi esposo y, como es lógico, eso no terminó bien. Ahora ya lo estoy trabajando. Por otro lado, mi mamá, como dije antes, trabajó muchísimo para mantenernos a las tres, la veíamos muy poco. Pero si hay algo que puedo rescatar, es que mi madre me enseñó la perseverancia, la fortaleza de amar un sueño. Mamá empezó de secretaria y terminó siendo presidenta municipal.

Mi padre, como también dije, tuvo problemas de alcoholismo, y no fue nada fácil vivir con él. Papá era un hombre muy pasional, inmaduro emocionalmente, sin embargo, su amor era inmenso, y lo que decidí rescatar de él es el amor.

Mi abuela Violeta me influenció tanto que ahora soy empresaria; mi abuela Ana, la mamá de mi papá, me enseñó el valor de la unidad de la familia.

Cada uno de nosotros tiene áreas que necesitan ser tratadas, porque la familia da mucho, pero también quita mucho. Solo hay que aprender a enfocarnos en lo positivo, y reconocer lo que no nos gusta para trabajarlo.

Muchos de los paradigmas positivos o negativos que tenemos acerca de lo que merecemos o no merecemos viene de lo que vivimos en la infancia.

Si nuestros padres siempre peleaban o estaban mortificados por el dinero, entonces nosotros repetiremos el mismo patrón, aun sin darnos cuenta y sin desearlo, pero es que es el chip que corre en tu subconsciente.

Piensa en las cosas negativas que se hablaban del dinero o de la gente con dinero. O si al menos se hablaba del dinero, tal vez era un tema tabú, que te hacía creer que el dinero era algo malo de lo que no se podía hablar. Estoy segura de que en este momento estás acordándote de todo lo positivo y lo negativo. La familia es uno de los pilares más importantes en nuestras vidas, no significa que sea un pilar perfecto, pero sí significa que cuando esas relaciones son sanas, logramos ser más seguros, tenemos nuestra autoestima más sana y podemos lograr más en nuestra vida.

La familia es el soporte, y cuando hablo de familia, tal vez ya no es solo acerca del seno del que venimos, sino también del que estamos creando con nuestra pareja. ¿Qué cosas NO quieres repetir? ¿Qué costumbres quieres mantener y darlas por herencia a tus hijos? ¿Cómo te aseguras de que la familia que ahora tú estás creando ayude a que los sueños tuyos, de tu pareja o tus hijos sean alcanzables? Ahora tú tienes la oportunidad de crear algo diferente o mejor de lo que ya tenías. ¿Qué harás con esa oportunidad? Yo te retaría en este momento a que hagas un listado de todo lo positivo que te regaló tu familia, tus padres y tus hermanos, o la gente más cercana a ti durante la infancia. También a que hagas un listado de todo lo que no quieres repetir en tu vida, de las ideas negativas que de manera involuntaria te transmitieron y que ahora sabes que te afectan en tu toma de decisiones.

La familia es el núcleo más hermoso que existe y que Dios nos regaló. Hay que trabajar en ella para que cuando nos toque crear la nuestra podamos asegurar una herencia de abundancia y no de escasez.

Las relaciones personales

Si ves la estrella, este punto se encuentra del lado derecho, en el pico superior de esta. ¿Por qué es importante trabajar en nuestras relaciones personales. Somos seres que necesitamos relacionarnos, no fuimos hechos para vivir solos. Alguien que vive solo, vive retraído y sin crecimiento. Debido a que son estas relaciones las que nos pulen, las que nos hacen personas mejores.

Los seres humanos necesitamos dos cosas, según Tony Robbins: Amor y aceptación. Y de verdad que entre más trabajo con personas, más me doy cuenta de que somos capaces de hacer lo que sea, con tal de recibir un poco de amor, y de saber que «pertenecemos» a algún grupo.

En mis entrenamientos me gusta habar del caso de las redes on line. ¿Qué es lo que realmente nos dan que nos tienen a todos pegados a ellas? Amor (nos sentimos amados por las personas al ser «aceptadas») y nos sentimos parte de algo. Por eso el éxito tan impresionante de las redes. Hay millones de personas que en la vida real no mantienen relaciones sanas con su entorno, pero en lo impersonal de las redes se hacen de miles de amigos, y eso crea una ilusión de que sí le importamos a alguien.

El ser aceptado, bloqueado, que nos quiten la «amistad» hace de las redes algo obsesivo y crea una realidad ficticia que a muchos de nosotros, en las horas de oscuridad, nos da la impresión de que no estamos solos... (jajaja), ¡claro que no!, si tengo ¡más de mil amigos en las redes!

Mientras más trabajes con tus relaciones personales, mejor persona te vuelves, ya que el hecho de interactuar con más personas deja al descubierto tus debilidades y tus fortalezas, y de esa manera puedes potencializar lo positivo y trabajar en lo negativo.

Y no te enfoques en los que te caen mal, por ahí dicen: «Lo que te choca, te checa». Y eso es lo que normalmente sucede. Somos espejos. No puedes ver en alguien más lo que tú no tienes. Muchos de nosotros vamos evaluando o enjuiciando a medio planeta (que por qué son de una u otra manera), lo que no sabemos es que podemos ver en otros lo que conocemos de primera mano. Tal vez porque lo tuviste o porque lo tienes. No es posible reconocer belleza en otra persona si no reconoces la belleza en ti. Así mismo no es posible ver la arrogancia en alguien, si tú no tienes arrogancia. Antes de enjuiciar a alguien pregúntate: *¿Dónde tengo yo eso? ¿En que área de mi vida soy así?*

Como dije, nos enseñaron a ver hacia afuera, no hacia adentro, entonces eso nos da la idea equivocada de que todos los de afuera están mal y que yo estoy bien. Cuando los demás solo son mi reflejo. Además, tú solo atraerás a gente que se parece a ti en algún área. Tú en tus negocios eres el tope de la gente que está en tu compañía. Es decir, si tú eres un cinco en liderazgo, atraerás a personas que son tres o dos, eso lo puedes leer con mayor profundidad en *Las 21 leyes irrefutables del liderazgo*, de mi amigo y mentor John C. Maxwell. ¿Nos quejamos de los resultados que da nuestro equipo? ¿Nuestra familia? ¿La gente a nuestro alrededor? Entonces tenemos que preguntarnos qué es lo que nosotros estamos aportando a sus vidas. ¿Tal vez ellos también se quejan de nosotros?

Trabajar en tus relaciones personales significa, además, trabajar en tu liderazgo; mientras más trabajes en él, mejor te relacionarás e influenciarás a más gente. De hecho, creo firmemente que trabajando tu liderazgo eres capaz de cambiar muchos aspectos de tu vida y de tus resultados. Es por eso que procuro que mis relaciones personales se den también con gente que me enseñe, que me guíe: John Maxwell y Robert Kiyosaki son algunos de ellos, y como dicen por ahí, el maestro aparece cuando el alumno está listo.

¿Estas listo para tener nuevos y mejores maestros y relaciones personales?

Los negocios son un deporte de relaciones personales, de conectarte y de aprender a servir. Mientras más maduro seas emocionalmente, mejores relaciones de negocios harás, de esta manera tus ganancias y clientes crecerán como la espuma.

Las cualidades que recomiendo que se desarrollen para poder tener negocios y relaciones exitosas son: el servicio, la tolerancia, la compasión, el amor, la benignidad, la mansedumbre, por nombrar algunas. Todo lo que tenga que ver con un corazón y una actitud de servicio, siempre será bienvenido y valorado por muchos. Es común encontrarse con gente explosiva, que no se da cuenta de que su carácter no le ayuda para tener buenas amistades o clientes. Y es hasta cierto punto lo «normal» para esa persona. Pero cambiando un poquito el paradigma nos podemos dar cuenta de que respetando y amando a la gente por lo que son, seres humanos simplemente, reconocemos entonces a personas que simplemente están en un proceso diferente al de nosotros. Esto no es ni bueno ni malo, es simplemente lo que es, y eso nos permite ser más compasivos y comprensivos con la gente a nuestro alrededor. Reconocer sus fortalezas y debilidades, ser partícipes del engrandecimiento de sus áreas positivas, y ayudarles a trajabar sus áreas de oportunidad. Permítete ser escalón para otros y no piedra de tropiezo.

Cada persona que llega a nuestra vida trae una enseñanza escondida. Desde el barrendero hasta el líder que más admires. Todos en la belleza única que Dios nos entregó tienen algo que aportar y hacer nuestra vida más rica y más abundante.

En el básico del proceso del Camino del Guerrero (proceso Creadores), siempre repito lo mismo: yo sé que la mayoría viene a aprender del entrenador que está al frente, pero la mayoría de los aprendizajes se darán con sus compañeros de equipo, ellos son los que realmente harán del entrenamiento una experiencia EXTRAORDINARIA, ya que son maestros de vida, y vienen a crear una aventura con sus compañeros de entrenamiento. Al menos yo, cuando descubrí esto, además de ir emocionada a los entrenamientos para aprender más, ahora enfoco mucha de mi energía en ver a quién tengo a mi alrededor, y me dejo sorprender por las personas increíbles que vienen también buscando cómo ser mejores. De compañeros de entrenamientos he aprendido cosas tan increíbles, que ellos, tal vez sin saberlo, han influenciado muchas de las decisiones que he tomado en mi vida personal y en mi negocio.

Ahora, para que esto suceda, tienes que mantenerte en humildad, ya que estando parados desde este punto, es posible estar alertas y abiertos a aprender de quien menos te lo esperes.

Me ha pasado que he estado en equipos donde uno o dos de los miembros me ignoran y entonces me siento pequeña (o mejor dicho, me permito sentirme pequeña), y es que volvemos a los dos primeros puntos. No me siento ni aceptada, y mucho menos aprobada. Y me he permitido experimentarlo y sentirlo para que no se me olvide cómo se siente cuando yo misma me comporto de manera déspota o egoísta con alguien que busca mi aprobación o mi aceptación.

Te platico una historia de la que aprendí muchísimo. Estaba yo en el entrenamiento Business Mastery de Tony Robbins en islas Fiyi. Entre mi equipo pequeño había dos jóvenes, de veintisiete y veintinueve años; durante los días que estuvimos juntos comíamos y compartíamos las actividades que nos pedían hacer. En una de esas comidas, platicando acerca de nuestros negocios, ellos dijeron que tenían una compañía de educación financiera. Específicamente, educan acerca de cómo invertir en la bolsa americana. Cuando les pregunté cómo lo hacían me dijeron que todo era on line. La verdad a mí me pareció medio loco, porque yo vengo de una escuela donde todo es vivencial, presencial, a lo que les «sugerí» en mi calidad de «experta» que empezaran a hacer eventos presenciales y así pudieran hacer crecer su negocio. La verdad es que en ese momento (eso fue hace unos años, en el 2011) yo estaba más parada en mi ego y arrogancia que en querer servirles. Ellos solo sonrieron y seguimos comiendo.

En la noche, cuando estábamos trabajando de nueva cuenta todos juntos, empezamos a platicar un poco más acerca de los negocios de ambos. Ellos con mucha humildad se acercaron a mí y me preguntaron qué tan grande era mi negocio, y de nueva cuenta mi ego saltó. Solo para quedar totalmente en ridículo, ya que cuando yo les pregunté qué tan grande era su negocio, me di cuenta de que ellos eran literalmente mil veces más grandes que yo; me tragué mis palabras, como pude me disculpé y me fui al baño. Esa noche me fui a dormir con un muy mal sabor en la boca por mi actitud; como a las cuatro de la mañana me desperté con la convicción de que debía pedir disculpas y, además, pedirles de la manera más humilde si ellos podían mentorearme para que yo pudiera duplicar su éxito.

Al día siguiente, en la mañana, me levanté y fui al evento, y ahí estaban este par de chicos que en dos años habían levantado un emporio. Sus entrenamientos eran de entre ochocientas y mil personas cada uno y corrían al menos cuatro entrenamientos diferentes cada mes. Me senté enfrente de ellos y llorando les pedí disculpas por mi ceguera, y por menospreciarlos, y les dije que si tenían tiempo me iba a encantar escuchar cómo lograron llegar a donde estaban. Ellos solo me abrazaron y me dijeron que contara con ellos. Sí, definitivamente estar en Fiyi, con ciento cincuenta empresarios escogidos a nivel mundial, fue increíble. Pero la lección aprendida con estos chicos fue EXTRAORDINARIA. De hecho gracias a ellos pude crear mi primer negocio con residuales, después de que volví a empezar de cero en el 2011.

Si estamos abiertos a crear y aprender de las personas que llegan a nuestras vidas, entonces cada día es una oportunidad para ser mejores y acumular sabiduría que es enviada a nosotros por medio de seres humanos hermosos que nos enseñan con sus virtudes o sus debilidades.

Si lo piensas de esta manera, tú mismo eres parte de esa cadena para otras personas. Permítete y permítele a otros aportar a tu vida.

La salud

Cada vez estamos más y más tiempo inmóviles y comiendo chatarra. Comida que está más procesada que el mismo petróleo. Cada vez, hay más niños con cáncer; enfermedades que antes eran de viejos, ahora las vemos de manera normal en los jóvenes y niños. Las compañías están tan enfocadas en producir más y más rápido que han quitado todo el enfoque de la nutrición y de la salud. Sí, comemos de todo, pero todo eso tiene más hormonas que cien mujeres juntas durante sus días de menstruación, ¡caray!

Nos hemos vuelto flojos y creamos la idea de que por los hijos, la carga de trabajo, etc., no podemos o no tenemos tiempo para ejercitarnos. Para trabajar y mantener este cuerpo que nos mueve a todos lados y que gracias a él ¡existimos!

Nos preocupamos más por el dinero que al final terminaremos usando para curar las enfermedades provocadas por la negligencia de no cuidar nuestro cuerpo.

Le ponemos atención a nuestros hijos, familia, trabajo, y todo lo que se nos ponga enfrente menos a nuestra salud. A nuestro cuerpo. No es nuestra prioridad. Y te voy a decir algo, de nada te sirve ganar dinero y tener buenos negocios, si tu salud está en el último lugar de tu lista de prioridades en tu vida.

Durante los entrenamientos ponemos varias reglas, y una de ellas es que la gente no puede salir al baño durante las sesiones, a menos que tenga un problema de salud.

Esto lo hago con toda la intención de que la gente NOTE su cuerpo, por un lado lo ignoramos para cuidarlo, pero por el otro, lo usamos como excusa para no disciplinarnos.

Creo que si no puedes controlar, cuidar y medir tu cuerpo, entonces tampoco podrás hacerlo con tu negocio, con tus finanzas. Lo único que realmente nos pertenece es esta masa con órganos que ¡nos fue dada! Hay cosas que no se nos pueden quitar, como la mente, el espíritu y el cuerpo. Están con nosotros desde el primer día de nuestra vida hasta el último. Y nos fueron dadas para que den fruto también, y el fruto del cuerpo es la salud, la vitalidad, la energía.

Hay personas que siempre están con la energía baja, y no se dan cuenta de que alimentan su cuerpo con chatarra (ni siquiera puede ser llamada comida). No pretendo que te conviertas en un nutriólogo o en un corredor de triatlón. Pero sí que reconozcas y agradezcas tu cuerpo. Lo que no se agradece, no se cuida. Y eso aplica para todas las áreas de tu vida. Estamos tan acostumbrados a este cuerpo, que no lo cuidamos. ¡Ah! Pero pregúntale al que está enfermo. Al que le falta una o varias extremidades, pregúntale al padre de un niño enfermo o al hijo de un padre que no se cuidó... Entonces, ahí verás las mil y una maneras en las que SÍ podemos cuidar nuestro cuerpo, y las mil y una razones de por qué debemos hacerlo. Para mí esto es tan vital como decir: si no cuida lo único tangible que le pertenece, que lo mueve, que le sirve, ¿por qué habría de cuidar nuestra sociedad (hablando de negocios), o su trabajo, o su dinero?

En la actualidad, en México y Latinoamérica la obesidad es el pan nuestro de cada día, sin mencionar los problemas de diabetes.

Yo siempre hago esta pregunta a los padres de familia, y te la hago a ti ahora. Y si no tienes hijos, piensa en tus sobrinos o en algún niño que ames.

Yo sé que la mayoría de nosotros ama muchísimo a nuestros hijos, y que hacemos un montonal de cosas con tal de darles todo lo que podemos y hasta más. Y entonces, ¿por qué los alimentamos con porquería que los van matando poco a poco? ¿Por qué nos permitimos envenenarnos cada día y se lo permitimos a ellos? ¿Somos nosotros entonces responsables también de las enfermedades que nuestros hijos pudieran tener en el futuro, debido a nuestra negligencia en la manera de alimentarlos? Es una pregunta fuerte, pero bien intencionada. Quiero que veas la importancia de cuidar tu salud y la de tu familia. No es posible que trabajemos tanto y que nos sacrifiquemos día a día, con tal de proveer a nuestra familia, pero estemos olvidando la parte de que si nuestro cuerpo no está bien, no nos servirá de mucho lo que hayamos comprado o ganado en nuestro afán de proveer una mejor vida.

Pregúntate: ¿como sanamente? ¿Me hago exámenes y llevo a mi pareja y a mis hijos a que se hagan exámenes para saber que están sanos? ¿Chequeo las etiquetas de lo que me como? ¿Hago suficiente ejercicio? ¿Me relaciono con personas que cuidan su salud, que se ejercitan? ¿Veo valor en cuidarme la salud y cuidar la de aquellos que amo? ¿Me educo, busco información acerca de cómo alimentarme mejor?

Ya sé que son muchas preguntas, pero quiero que te quede claro que NADIE cuidará tu cuerpo por ti, nadie puede hacer ejercicio por ti, o comer bien por ti. Es tu decisión y tu derecho el cuidarte o no.

Nada más recuerda, sin salud, no importa cuánto tengas, no lo usarás para disfrutar, ¡sino para curarte!

La mentalidad

En este punto me gusta empezar con Romanos 12.2: «No os conforméis a este siglo, sino transformaos por medio de la renovación de vuestro entendimiento, para que comprobéis cuál sea la buena voluntad de Dios, agradable y perfecta».

La mentalidad es algo que se tiene que cuidar y tiene que crecer cada día. Este versículo me gusta mucho porque habla específicamente de que tenemos que renovar nuestra mente conectando directamente esa renovaciónn con lo que Dios quiere para nosotros. Así mismo, cuando menciona el entendimiento, de lo que realmente está hablando es de los filtros que nos ayudan a percibir lo que pasa afuera de nosotros según los registros que tengamos; es decir, estos determinan cómo entendemos los sucesos o las cosas que pasan a nuestro alrededor.

Cómo funciona nuestra mente sigue siendo un misterio para muchos, la realidad es que nuestra mente es muy poderosa, va creando todas estas historias y las va registrando, de esta manera todo lo que percibimos en esta vida es filtrado por todas estas experiencias del pasado, es decir, si de chico tuviste una mala experiencia con unos perros, unos gatos o el dinero, lo más probable es que en tu vida actual aún sigas manteniendo ese registro, y trates de alejarte lo más posible de los perros, los gatos y hasta del dinero.

Lo que sucede con la mente es que cuando la renuevas, cuando la mantienes en constante crecimiento, en constante expansión, te permite ver cosas que antes no veías, te permite reconocer emociones, sucesos o hasta oportunidades que en un pasado no alcanzabas a ver con la información que tenías.

Tu mentalidad puede limitar tu espíritu, puede también decirte qué eres capaz de hacer, tu mentalidad limita lo que tú te permites soñar, lo que tú te permites obtener o hasta lo que crees merecer. Por eso es tan importante renovarla y estarla expandiendo día a día, de lo contrario literalmente vivimos encerrados en ideas del pasado que nos controlan y nos detienen de vivir una vida plena y en abundancia.

Existen dos tipos de mentalidad: la mentalidad de escasez y la mentalidad de abundancia. ¿Cómo sabes cuándo tienes una mentalidad de escasez? Bueno, normalmente estás pensando en cosas negativas, te encuentras estresado, estás triste, ves absolutamente todo por el lado en el que no se puede solucionar; la mentalidad de escasez crea pláticas internas en las cuales normalmente hay juicio y miedo, está siempre enfocada en lo que no se tiene, y esto mismo nos crea un sentimiento de rechazo e infelicidad. No nos permite ser agradecidos y buscamos cualquier situación para crear enojo, rencor y todo tipo de emociones negativas que nos ayudan a alimentar la escasez interna.

Una mentalidad de escasez normalmente está pensando en la competencia, también en que no hay suficiente, es decir sus negocios y su dinero se crean a través de quitarle a los demás, o de crear historias donde a él o a ella le roban y le quitan, ya que no puede reconocer la abundancia de Dios.

En México y Latinoamérica por idiosincrasia tenemos una mentalidad de escasez; para poder crecer pensamos que tenemos que quitarle algo a alguien; para poder avanzar pensamos que tenemos que tranzar o hacer trampa; para poder ser abundantes pensamos que tenemos que acumular para nosotros sin compartir con nadie. Y todo esto proviene de ver en nuestras sociedades estas situaciones y de ser testigos de cómo nuestros gobernantes se enriquecen robando y haciendo menos o denigrando a las demás personas; tomando lo que no les pertenece y acumulando de más, sin compartir o beneficiar a su comunidad. La mentalidad de escasez genera emociones, experiencias y sucesos negativos, aunque realmente no estén sucediendo. Desgraciadamente, todo lo filtran de tal manera que lo anterior no es ni opcional. Así es su filtro y de él crean sus experiencias.

Por otro lado, tenemos la mentalidad de abundancia. Este tipo de mentalidad tiene filtros que son totalmente positivos, que aun en los momentos difíciles crean experiencias enriquecedoras que añaden valor a nuestra vida. Las pláticas internas de una mentalidad de abundancia son normalmente muy creativas y tienen la tendencia a ver cómo solucionar los problemas que las personas con mentalidad de escasez no podrían solucionar. El tipo de preguntas que crea este tipo de mentalidad son: ¿de qué manera SÍ puedo lograr esta meta? ¿Cómo puedo ser mejor? ¿Qué tomaría de mí para ser mejor persona? Siempre son preguntas en positivo y con calificativos que nos hacen sentir mejor, no peor.

Nuestra mente y todos los registros son los que nos enjaulan y nos hacen creer que no podemos tener otra realidad. Es por eso que tenemos que estar todo el tiempo revisando nuestros pensamientos. ¿Desde dónde evaluamos las oportunidades y nuestra vida? ¿Desde la escasez o desde la abundancia? ¿Desde dónde tomamos nuestras decisiones financieras?

Trabajar en esta área de nuestra vida es de las cosas más importantes que para mí puedan existir. Desgraciadamente o afortunadamente, dependiendo de qué tipo de mentalidad tengas, esta controla TODO en tu vida. Para mí la mentalidad encierra todo adentro de ella; en dependencia de lo que tengas en ella te permitirás crecer y creer en tu espíritu o no. Y es una lucha interna diaria entre tu espíritu y tu mente para creer en la fe, o entre tu mente y tu cuerpo para cuidarte y hacer ejercicio, o hasta para permitirte vivir en una familia feliz o llevar a cabo tu propósito de vida.

Cuando trabajo con empresarios o personas que quieren mejorar sus finanzas, la realidad es que en las áreas que más trabajamos son la emocional, el carácter y la FE. La parte emocional se anida en el alma; el carácter y la fe se desarrollan en el espíritu. Es por eso que mientras menos trabajas tu espíritu, más pequeños y débiles son tu fe y tu carácter.

Y desgraciadamente es tu MENTE la que los detiene a creer que puedes trabajar en estas áreas o en cualquiera de tu vida. Y esto es debido a que tenemos información incorrecta que fuimos recopilando durante nuestra vida, como lo he venido comentando en cada uno de los capítulos de este libro.

Me queda claro que hay tanto que descubrir aún de la mente, que incluso cuando hemos vivido con ella toda la vida, no la conocemos y es que somos negligentes acerca del conocimiento de nosotros mismos.

El otro día platicaba con mi mamá y me dijo algo que resonó en mi mente, me dijo: «Por alguna razón he estado pensando que cuando llegue con Dios me va a preguntar por mi cuerpo. Me va a cuestionar que viví con este cuerpo por tantísimos años y

¡nunca lo conocí! ¡Nunca supe cuánto podía dar, cuáles eras sus límites, no lo alimenté bien, no supe cómo funcionaba!

Así pienso yo acerca de la mente y del espíritu. Vivir toda la vida con estas dos partes de mi ser, y no saber para qué las tengo y cómo funcionan a la perfección. ¿Cuántas vidas necesitaría para entenderlas? El punto es que tenemos esta vida y hay que ponerle toda atención a lo que se nos ha dado, y en la responsabilidad de aprender a usarlas.

Mientras más trabajes y expandas tu mentalidad, más puedes recibir en tu vida, más te permites vivir y experimentar, de ahí la frase: «Tener una mente abierta». Y no me refiero a que enloquezcas y hagas cosas fuera de lo moral, al contrario, es más acerca de permitirte experimentar afuera de lo que crees que es posible vivir o crear.

Si tienes los resultados que has obtenido en tu vida es por la mentalidad que posees, no por el entorno, el dinero o la familia. Porque tus resultados son igual a tus verdaderas intenciones, y tus verdaderas intenciones provienen de lo que tienes en tu mentalidad, de lo que tú crees que puedes o no puedes tener o crear para tu vida.

Propósito de vida

La vida es acerca de SER y HACER. Tener una vida con significado, una vida que no se quede tan pequeña como las limitaciones de nuestro cuerpo, o nuestra mente, sino que pueda ir más allá del egoísmo de nuestra mente y emociones. ¡Qué puedas descubrir por qué estás en esta tierra, a qué viniste, y siendo más dramática, por qué no has muerto aún!

Entre más camino en la vida, más me doy cuenta de que mientras una persona no sepa POR QUÉ y PARA QUÉ está viva, simplemente sobrevive, ¡no vive!

Y es que cuando no tienes un motivo, mientras no sabes para qué «sirves» no te tomas en serio. Piensa en esto: cuando te regalan algún aparato, pero no sabes para qué sirve o cómo usarlo, no le das valor, lo tienes ahí guardado, empolvándose, o simplemente lo ignoras. Y eso mismo le hacemos a nuestra vida, no le damos sentido, y mucho menos sabemos para qué nos la dieron, y entonces la encerramos en lo cotidiano, en sobrevivir, en ajustarnos a esta sociedad que nos dice que debemos ser «iguales» para encajar, cuando en realidad NINGUNO de nosotros somos iguales, y mucho menos fuimos hechos para hacer, vivir, o ser lo mismo; esa idea es completamente estúpida, pero más estúpido es que nosotros la compremos y la vivamos.

Cuando tienes tu propósito de vida claro sabes en qué quieres invertir tu tiempo, tu dinero, tu espacio. Te quieres volver un PRO en esa área. Empiezas a investigar más acerca del tema y alimentas la idea de que puede haber un nivel más alto para vivir tu vida.

Además, mientras solo «vives» siempre hay un vacío interno, algo que hace falta y que no sabes qué es, es como cuando comes algo y dices: mmm, le falta algo pero no sé qué es... está bueno, pero le falta algo. Así es nuestra vida cuando no tenemos un propósito, claro que podemos vivirla por años, o hasta morir sin haber conocido nuestro propósito, pero siempre sabes que te faltó algo para que pudieras disfrutarla al máximo.

Desgraciadamente, encontrar tu propósito de vida no es la prioridad en nuestra sociedad. Estamos muy ocupados, mandando a los hijos a la escuela para que aprendan «cómo ganarse la vida» sin entender que la vida YA LA TIENEN GANADA por medio de los dones y talentos que se les dieron. Esos se los dotaron para que al desarrollarlos y ponerlos al servicio de los demás, puedan crear abundancia y no estar buscando ganarse algo que ya les pertenece.

Para mí el hecho de encontrar mi propósito cambió hasta mi fisiología. ¡Ahora sonrío más! Estoy más feliz, más plena, más enfocada en aprender más acerca de mi vida y de mi propósito, para así ser más asertiva en mis decisiones y poder servir mejor a la gente a mi alrededor.

Un propósito de vida, según lo que yo he vivido, tiene tres características:

1. No es acerca de TI

Muchas personas me contestan: «Mi propósito es ser feliz, es tener libertad financiera, es tener una familia unida». Y yo me pregunto, ¿y qué, eso no es lo mínimo que podrías buscar? Tener una vida feliz, eso es PARA TI, si no haces eso por ti, ¿por qué habrías de hacerlo para alguien más? No podemos dar lo que no nos damos a nosotros mismos.

Un propósito no es acerca de ti, es salirte de ti y ver a tu alrededor. Al pensar en lo que quieres darle a los demás, de manera inmediata tienes que voltear adentro de ti, y revisar si eso que quieres dar, ¡lo tienes tú! Si no, ¿cómo serás capaz de dar algo que no tienes? Esto te empuja a crear, cambiar, transformar tu vida, para así poder llenarte primero, antes de poder llenar a otros.

2. Es acerca de SERVIR

He encontrado que servir es una de esas actividades que hace que mi espíritu se expanda y rompa paradigmas acerca de lo que soy capaz de hacer. Servir me ayuda a recordar a qué vine, y que alguien más me sirvió por medio de su cuerpo para que yo naciera. Que toda mi vida he avanzado gracias a los que de una u otra manera me han servido. ¿Y yo? ¿Sirvo por accidente? ¿O sirvo con toda la intención de hacer que la vida de alguien más sea mejor y más plena?

Hay personas a quienes la palabra servir ¡les da comezón! (jajaja), y es que conectan esta palabra con humillarse, con ser menos, pero es totalmente lo contrario. Quien sirve tiene un corazón de humildad, compasión, amor, benignidad y tolerancia... ¡Uf! Al menos para mí eso tiene muchísimo valor.

3. Es acerca de TRASCENDER

No es lo que puedas ver que creaste en este momento, es acerca de lo que ya no alcanzarás a ver, pero que sucederá tarde o temprano, porque serviste, porque diste y no te limitaste.

Durante un entrenamiento explique cómo muchas veces lo hago, cómo empecé mis negocios. Dos años después recibí un correo electrónico de una pareja que estaba en el salón, y me

emociona muchísimo lo que me dijeron. Ellos, saliendo del entrenamiento decidieron empezar a trabajar en equipo para lograr su
libertad financiera y alcanzar sus sueños.

Ella salió de su trabajo y montaron una farmacia, por medio
de la farmacia creció su autoestima, y así empezaron a cambiar
también la forma de tratar a sus hijos, de valorar la vida, y de ver
cómo servir a la gente que venía a su negocio.

El correo electrónico era específicamente para decirme que ya
estaban abriendo la segunda farmacia, que su esposo ya había salido de su trabajo y que era increíble cómo veían que servir, amar y
atender con pasión a sus clientes, no solo les daban medicina para
su cuerpo, también les daban medicina para su alma. Yo estaba
llorando cuando leía. Esto es trascender, porque ya no es ni siquiera acerca de la pareja, piensa en todas las personas que están siendo impactadas como una cadena, y todo porque un día decidí
que perdería el miedo, que me sometería a aprender cómo ser una
buena entrenadora, y pondría mi conocimiento y mi pasión al servicio de los que quisieran cambiar su vida financiera. Pero al cono-
cerse ellos también, no solo cambiaron sus finanzas, también
cambiaron su percepción de cómo se hacen los negocios, y cómo
se VIVEN los negocios con propósito. Eso es trascender. Saber que
cuando sirves a otros, con amor y pasión, lo más probable es que
eso conecte muchas historias, sin saber que ni siquiera empezó en
ti, tal vez empezó con aquella persona que también te sirvió a ti,
que se despojó de sus propios egos y decidió darte lo mejor a ti.
Todos nos conectamos; la pregunta es: ¿nos conectaremos en
odio, dolor y rencor? ¿O en amor, compasión y servicio?

Ya no vivas como con el aparato que no sabes para qué está hecho, y no dejes tu vida en un rincón empolvándose. Hay personas que han vivido su vida sin saber su valor, sin saber lo que tenían para aportar al mundo.

Haz un listado de tus dones y talentos, estos que te fueron dados para que tú puedas crear abundancia, para que los pongas al servicio de la gente alrededor. Cuando tú no ofreces tus dones y talentos, le estás robando a alguien. Porque todos necesitamos de todos. Yo necesito tus dones para complementarme, para poder crecer, así como tú necesitas los míos. Si los escondes o no los usas, entonces, yo no puedo avanzar... Yo no creo que tú seas ese tipo de persona. Permíteme y permítete conocerte al punto de saber que tus dones y talentos te fueron dados para servir y compartirlos con otros.

Si no has descubierto tu propósito de vida, entonces aún no has empezado a vivir.

El espíritu

En la parte central de la estrella están tu parte espiritual conjugada con tu yo. La mayoría de la gente se olvida de su espíritu; estamos tan metidos en lo físico (y me refiero a lo tangible, no a la parte de tu físico) que se nos olvida la parte intangible. Sin entender que todo lo que vemos primero fue un pensamiento, un sueño, una idea.

Cuando alguien me dice, «tengo sueños grandes pero no logro accionar», para mí lo que significa es: tengo el recuerdo de que poseo un espíritu grande, pero no lo trabajo, y por eso no sé ahora cómo empezar.

¿Quieres negocios exitosos? Trabaja en tu espíritu. ¿Quieres lograr tus metas? Trabaja en tu espíritu. ¿Quieres ser pleno? ¡Trabaja en tu ESPÍRITU!

Tenemos atrapada la parte espiritual al tamaño de nuestro cuerpo o mente, o peor, a nuestras emociones.

Del espíritu proviene la FE, esa que mueve montañas, la que te empuja a arriesgarte y crear cosas locas que impactarán al mundo.

En el conocimiento y crecimiento de tu espíritu, encontrarás promesas perdidas en el pasado, pero que aún pueden ser recuperadas si te lo permites.

Trabajar tu parte espiritual no significa volverte fanático o tener una religión. Es una relación personal con tu Dios, es buscar la luz adentro de ti, porque así fuiste creado. Es reconocer por qué y para qué estás en la tierra. Cuando trabajas la parte espiritual, todas las demás partes de la estrella se engrandecen, se vuelven mas sencillas de trabajar, de alcanzar. Porque de tu parte espiritual emana todo lo demás. Cuando tu espíritu está apagado, normalmente las demás partes de tu vida también lo están. Y tenemos la tendencia a querer suplir la parte espiritual con algo más... tal vez hacer dinero, tener mucho conocimiento o hacer mucho ejercicio... pero siempre internamente seguimos sintiendo que nos falta algo, pero no sabemos qué es. Es como cuando finalmente logras aquello por lo que has estado luchando, lo festejas, pero después del festejo, no pasa nada, y te preguntas: ¿pues no era esto lo que quería? Y pareciera que sí, pero internamente sigues vacío.

Yo he descubierto que mientras más trabajo en mi parte espiritual, más entiendo al mundo y me entiendo a mí misma. Eso me permite hacer crecer mi negocio, entender más mi cuerpo, tener mejores relaciones, crear una familia más unida y enfocar mi energía en lo que realmente quiero para mi vida.

Cuando trabajo el lado espiritual, entonces mis sueños y mi vida ya no están sujetos a las leyes de la física, porque de manera automática me alineo a lo ilimitado, a lo que no tiene ni principio ni fin. Cuando yo pienso que fui hecha a imagen y semejanza de mi Dios, creo entonces que mi espíritu es como el de ÉL, y de esa manera, lo infinito, lo excelso, lo ilimitado se tendrían que manifestar en mi vida material. Esto ocurre cuando es mi espíritu el que dirige mi vida. Si lo que dirige mi vida es mi cuerpo y mis limitaciones, entonces ahí encuentro la respuesta al porqué de mis resultados.

Trabajar tu área espiritual es tan importante como respirar. Si no lo haces mueres. Y literalmente mueres por dentro, porque los sueños se acunan en la FE, y la FE proviene de tu espíritu. Si este no está siendo alimentado, sin lugar a duda tus sueños morirán.

Mientras más grande y expandido esté tu espíritu, más grandes serán tus resultados, pero sobre todo serán duraderos. Vemos infinidad de personas que solo sobre la base de sus dones y talentos, logran grandes cosas, sin embargo las pierden porque no se preocuparon de alimentar su espíritu, de alinear lo invisible con lo visible.

Cuando partes de tu espíritu sueñas con cosas locas, te platico mi experiencia:

Hace dos años y medio, cuando vivía en Phoenix, me decían que estaba loca porque quería regresar a México. Constantemente me repetían que era inseguro, que acá nadie quería educarse, que tenía una batalla perdida. Y ahora estamos en Veinte ciudades, cuatro países, y hemos entrenado a más de quince mil personas; este año vamos por las treinta y cinco mil. Yo solo vi ciento veinte millones de oportunidades. Y ahora con Latinoamérica, veo ochocientos ochenta millones. Si tengo que enloquecer más, no hay problema, la cordura NUNCA ha sido mi fuerte.

La parte espiritual es el centro de tu vida. De ahí emana vida o muerte. Tú decides.

Acerca de la autora

Ana Cortés es entrenadora personal y de negocios, escritora, comunicadora de radio y televisión, empresaria y líder de mujeres. Ella está decidida a cambiar la vida de los latinoamericanos por medio de la educación financiera y la transformación del pensamiento de escasez en un pensamiento de abundancia.

Su vida y su pasado son una historia que proyecta la pasión de una empresaria y el uso de los negocios como medio para la superación personal.

Después de haber fundado y desarrollado varios negocios que incluyen una consultoría de comercio exterior, y seminarios de liderazgo masivos en Monterrey y la Ciudad de México, Ana se mudó a la ciudad de Phoenix, Arizona, e inmediatamente impactó a la comunidad latina. Ella creó L.I.V.E. Community LLC, empresa enfocada en entrenamientos de desarrollo personal y de negocios; además de liderar Mujeres Latinas de Éxito, una organización no lucrativa con el propósito de mejorar la vida de las mujeres latinas y sus familias a través de la educación financiera y de negocios en Arizona. Sus logros le han galardonado varios reconocimientos, como el premio «40 Leaders Under 40», en el 2008, y el honor «Bank of America Neighborhood Hero», en el mismo año. Además, fue conductora del programa de radio «La vida más allá del dinero», basado en negocios y finanzas personales.

La primera edición de este libro: *Cruce el puente de sus finanzas*, lleva el prólogo de Kim Kiyosaki, autora del best seller: *Mujer millonaria* y esposa del conocido a nivel mundial Robert Kiyosaki y, con quien Ana ha compartido escenarios dando entrenamientos de Educación Financiera por medio del simulador cash flow. Sin dejar de mencionar que Ana fue la única entrenadora en Estados Unidos para el mercado hispano de «Rich Dad Education» y ahora funge como su mayor representante de la filosofía «Rich Dad» en México.

Tiene una vasta experiencia impartiendo entrenamientos y talleres, respaldada por el éxito obtenido en su paso por Estados Unidos, México y Latinoamérica; ha sido invitada a dar conferencias en eventos tales como Foro PyME Mujer, Foro PyME Nacional, donde ha expuesto temas sobre educación financiera, negocios, inversiones en bienes raíces y mentalidad empresarial.

En la actualidad radica en la Ciudad de México, donde se encuentra a la cabeza de Creadores de Éxitos Financieros, proyecto innovador en el ramo de la Educación Financiera que conjuga el desarrollo personal, las finanzas y el desarrollo del carácter. Creadores se encuentra en diecinueve ciudades en México,

Colombia y Perú. Y mientras termino de escribir esta edición, tenemos ya propuestas para Brasil, Panamá y Venezuela.

Creadores también es el representante de John Maxwell Corporation en México.

La visión de esta compañía es desatar la abundancia en cada persona, para que pueda vivir de manera más plena.

Correo electrónico: ana@creadoresdeexitos.com

Para mayores informes pueden ir a:

www.creadoresdeexitos.com

Twitter @anacortes1000

Facebook: anadeexito

Notas

Notas

creadores de
éxitos

En esta tierra sembramos conocimiento, sentido de urgencia, madurez emocional, honestidad, valentía, amistad, perseverancia y vision a largo plazo, que nos hacen cosechar frutos de abundancia para nuestra vida y las de quienes nos rodean.

Conoce nuestros entrenamientos:

Proceso Creadores, "El Camino del Guerrero"

Los entrenamientos, te ofrecen respuestas y herramientas que te ayudan a tomar el control en las finanzas personales y empresariales, capacidad de generar abundancia de la mano del desarrollo personal, liderazgo y caracter.

Clubes de educación financiera

Simulador financiero donde aprenderas los conceptos vitales de las finanzas, inversion, negociacion a traves de la metodología que Rich Dad Company diseno para elevar tu IQ financiero.

Entrenamiento básico de Bienes Raíces

Entrenamiento de negocios en bienes raíces como inversionista; te brinda elementos de generacion de negocios, metodos de financiamiento creativo. Esta es una ventana, que te abrira el espectro de oportunidades que existen en los Bienes Raíces.

Universidad de la Riqueza

Educacion en línea que te guía por el camino para alcanzar tu libertad financiera a traves de la planeacion y ejecucion de un sistema personalizado de creacion de riqueza.

Jhon Maxwell Company

Serie de talleres y grupos de mentes maestras abiertas al publico y tambien cerrados para corporativos donde aprenderas a elevar al tope tu liderazgo, así como mejorar habilidades de trabajo en equipo, comunicacion y relaciones laborales.

Para todos ustedes que quieran acceder a alguno de mis entrenamientos, les dejo estos descuentos por haber comprado, y en especial, leído mi libro. Me gustaría que me sigan acompanando por el camino de la educacion financiera y que podamos juntos cambiar el futuro de America.

 creadores de
éxitos   info@creadoresdeexitos.com
www.creadoresdeexitos.com

/creadoresexitos

"Sé inteligente y utiliza lo que **tienes y avanza"**

Donald Trump

"Los perdedores evitan el **fracaso** y el fracaso **convierte** a los perdedores en **ganadores"**

Robert Kiyosaki

www.creadoresdeexitos.com

" En la búsqueda de **respuestas** me topé con **todo y con todos**; pero sobre todo, me topé **conmigo misma"**

Ana Cortes

www.creadoresdeexitos.com

" Si de todos modos hay que **pensar más vale** pensar **en grande "**

Donald Trump

www.creadoresdeexitos.com

creadores de
éxitos

Estamos trabajando en nuestro futuro cada día y vemos oportunidades donde nadie mas las ve. Sembramos arboles que nos daran fruto a corto, mediano y largo plazo. Hemos aprendido a controlar la "satisfaccion inmediata" enfocandonos en lo que nos dara abundancia en el futuro y creara la diferencia para nuestras familias.

> "Los empresarios **exitosos** ven los **retos** y no las **limitaciones**"
>
> Ana Cortes

> "**El conocimiento** es el **nuevo dinero**"
>
> Robert Kiyosaki

www.creadoresdeexitos.com

> "El **precio** es lo que **pagas,** pero el **valor** es lo que obtienes a **cambio**"
>
> Warren Buffet

www.creadoresdeexitos.com

> "Lo que los otros **piensen de ti** no debe ser el **problema,** ¡sino lo que **tú piensas de mismo**"
>
> Ana Cortes

www.creadoresdeexitos.com

creadores de
éxitos

info@creadoresdeexitos.com
www.creadoresdeexitos.com

 /creadoresexitos

" **La transparencia individual**
es tan **importante** como conocer
tu **nombre,**
tu **fecha** de nacimiento y
los **números** de tu
cuenta de banco "

Ana Cortes